Martin Sommer

Die technischen Vorraussetzungen, strategische Pla
Sicherheitsaspekte eines Interneteinsatzes in kleine
Unternehmen

Bibliografische Information der Deutschen Nationalbibliothek:

Bibliografische Information der Deutschen Nationalbibliothek: Die Deutsche Bibliothek verzeichnet diese Publikation in der Deutschen Nationalbibliografie; detaillierte bibliografische Daten sind im Internet über http://dnb.d-nb.de/ abrufbar.

Copyright © 1997 Diplomica Verlag GmbH
Druck und Bindung: Books on Demand GmbH, Norderstedt Germany
ISBN: 9783838605630

http://www.diplom.de/e-book/216497/die-technischen-vorraussetzungen-strategische-planung-realisierung-und

Martin Sommer

Die technischen Vorraussetzungen, strategische Planung, Realisierung und Sicherheitsaspekte eines Interneteinsatzes in kleinen und mittelständischen Unternehmen

Diplom.de

Martin Sommer

Die technischen Vorraussetzungen, strategische Planung, Realisierung und Sicherheitsaspekte eines Interneteinsatzes in kleinen und mittelständischen Unternehmen

Diplomarbeit
an der Akademie für internationales Management Mannheim
Juni 1997 Abgabe

Diplomarbeiten Agentur
Dipl. Kfm. Dipl. Hdl. Björn Bedey
Dipl. Wi.-Ing. Martin Haschke
und Guido Meyer GbR

Hermannstal 119 k
22119 Hamburg

agentur@diplom.de
www.diplom.de

ID 563

Sommer, Martin: Die technischen Vorraussetzungen, strategische Planung, Realisierung und Sicherheitsaspekte eines Interneteinsatzes in kleinen und mittelständischen Unternehmen / Martin Sommer · Hamburg: Diplomarbeiten Agentur, 1997
Zugl.: Mannheim, Akademie für internationales Management, Diplom, 1997

Dipl. Kfm. Dipl. Hdl. Björn Bedey, Dipl. Wi.-Ing. Martin Haschke & Guido Meyer GbR
Diplomarbeiten Agentur, http://www.diplom.de, Hamburg
Printed in Germany

Diplomarbeiten Agentur

Wissensquellen gewinnbringend nutzèn

Qualität, Praxisrelevanz und Aktualität zeichnen unsere Studien aus. Wir bieten Ihnen im Auftrag unserer Autorinnen und Autoren Wirtschaftsstudien und wissenschaftliche Abschlussarbeiten – Dissertationen, Diplomarbeiten, Magisterarbeiten, Staatsexamensarbeiten und Studienarbeiten zum Kauf. Sie wurden an deutschen Universitäten, Fachhochschulen, Akademien oder vergleichbaren Institutionen der Europäischen Union geschrieben. Der Notendurchschnitt liegt bei 1,5.

Wettbewerbsvorteile verschaffen – Vergleichen Sie den Preis unserer Studien mit den Honoraren externer Berater. Um dieses Wissen selbst zusammenzutragen, müssten Sie viel Zeit und Geld aufbringen.

http://www.diplom.de bietet Ihnen unser vollständiges Lieferprogramm mit mehreren tausend Studien im Internet. Neben dem Online-Katalog und der Online-Suchmaschine für Ihre Recherche steht Ihnen auch eine Online-Bestellfunktion zur Verfügung. Inhaltliche Zusammenfassungen und Inhaltsverzeichnisse zu jeder Studie sind im Internet einsehbar.

Individueller Service – Gerne senden wir Ihnen auch unseren Papierkatalog zu. Bitte fordern Sie Ihr individuelles Exemplar bei uns an. Für Fragen, Anregungen und individuelle Anfragen stehen wir Ihnen gerne zur Verfügung. Wir freuen uns auf eine gute Zusammenarbeit

Ihr Team der *Diplomarbeiten* Agentur

Dipl. Kfm. Dipl. Hdl. Björn Bedey –
Dipl. Wi.-Ing. Martin Haschke ——
und Guido Meyer GbR ————

Hermannstal 119 k ————
22119 Hamburg ————

Fon: 040 / 655 99 20 ————
Fax: 040 / 655 99 222 ————

agentur@diplom.de ————
www.diplom.de ————

Für meine Eltern

Danksagung

Mein besonderer Dank gilt Herrn Dr. Salam Hoshang für die Betreuung meiner Diplomarbeit. Durch seine ständige Unterstützung war er mir eine große Hilfe bei der Ausarbeitung dieser Arbeit. Seine unzähligen Ratschläge und Anregungen sind alle in meine Diplomarbeit eingeflossen.

Ich möchte mich auch bei Herrn Prof. Dr. Franz Egle für seine Hilfe bei der Erstellung meiner Diplomarbeit herzlich bedanken. Seine Vorschläge waren von großem Wert für mich.

Vielen Dank!

Inhaltsverzeichnis

Abkürzungsverzeichnis

AG	Aktiengesellschaft
ARPA	Advanced Research Projects Agency
ASCII	American Standard Code for Information Interchange
bps	Bit pro Sekunde
CEO	Chief Executive Officer
CGI	Common Gateway Interface
CIDR	Classless-Inter-Domain-Routing
CIX	Commercial Internet Exchange
DARPA	Defense Advanced Research Projects Agency
DDV	Datendirektverbindung
DE-CIX	Deutscher Commercial Internet Exchange
DE-NIC	Deutsches Network Information Center
DES	Data Encryption Standard
DNS	Domain Name Service / Domain Name Server
DoD	Department of Defence
E-Mail	Electronic Mail
FTP	File Transfer Protocol
GmbH	Gesellschaft mit beschränkter Haftung
gTLD	[generic] Toplevel-Domain
Host-ID	Hostidentifikation
HTML	HyperText Markup Language
HTTP	HyperText Tranfer Protocol
IAB	Internet Architecture Board
IAHC	Internet Ad Hoc Committee
IAP	Internet Access Provider
ICP	Internet Content Provider
IETF	Internet Engineering Task Force
InterNIC	Internet Network Information Center
IP	Internet Protocol
IPv4	Internet Protocol Version 4
IPv6	Internet Protocol Version 6
IPnG	Internet Protocol Next Generation
IPP	Internet Presence Provider
IRTF	Internet Research Task Force
ISDN	Integrated Services Digital Network
ISO	International Standards Organisation
ISOC	Internet Society
ISP	Internet Service Provider
IV-DENIC	Interessenverbund Deutsches Network Information Center
Kbps	Kilobit pro Sekunde
KOD	Kommerzieller Onlinedienst
LAN	Local Area Network
MAN	Metropolitan Area Network
Mbit/s	Megabit pro Sekunde
Net-ID	Netzidentifikation
NSF	National Science Foundation
OSI	Open Systems Internconnection
PC	Personal Computer
PGP	Pretty Good Privacy
PoP	Point of Presence
PPP	Point-to-Point Protocol
RFC	Request for Comment
RIPE	Reseaux IP Europeens

Abkürzungsverzeichnis (Fortsetzung)

RSA	Rivest, Shamir und Adleman
SFV	Standard-Festverbindung
S-HTTP	Secure HyperText Transmission Protocol / Secure-HTTP
SLIP	Serial Line Interface Protocol
SSL	Secure Socket Layer
TCP	Transmission Control Protocol
TCP/IP	Transmission Control / Internet Protocol
URL	Uniform Resource Locater
US	United States
USA	United States of America
UUCP	Unix-to-Unix-Copy-Program
UWG	Gesetz gegen den unlauteren Wettbewerb
VRML	Virtual Reality Modelling Language
W3	World Wide Web
W3C	World Wide Web Consortium
WAN	Wide Area Network
WWW	World Wide Web

Abbildungsverzeichnis

"We are all beginning another great journey. We aren't sure where this one will lead us either, but again I am certain this revolution will touch even more lives and take us all farther. The major changes coming will be in the way people communicate with each other. The benefits and problems arising from this upcoming communications revolution will be much greater than those brought about by the PC revolution."

Bill Gates, The Road Ahead

1 Einleitung

1.1 Problemstellung

Das Internet hat in den letzten Jahren einen Boom sondergleichen erlebt. In vielen Unternehmen wurde das Arbeitsleben bereits entscheidend von dieser neuen Technologie beeinflußt. Bill Gates, der Präsident und CEO von Microsoft, vertritt die Ansicht, daß das Internet fast alle Bereiche zwischenmenschlicher Kommunikation revolutionieren wird und die wichtigste Neuerung im Computermarkt seit der Einführung des IBM PC 1981 sei.

Immer mehr Unternehmen drängen in das Internet, um sich die vielfältigen Möglichkeiten zu Nutzen zu machen und um ihre Produkte oder Dienstleistungen zu präsentieren. Oftmals ist die Angst, den Anschluß zu verpassen, das entscheidende Motiv für den Zugang zum Internet. Aber viele Unternehmen setzen aber das Internet schon heute sehr effektiv als Werbemedium, Vertriebsweg oder zu anderen kommerziellen Zwecken ein.

Der Prozeß zur strategischen Planung und Realisierung eines Interneteinsatzes in mittelständigen Unternehmen soll in dieser Diplomarbeit dargestellt werden. Unter strategischer Planung soll hier die zielgerichtete Bestimmung zukünftigen Handels verstanden werden. Die geplanten Maßnahmen zum Einsatz von Kommunikationsmedien auf Basis der Internet-Technologie werden dann während der Planausführung realisiert.

Die Zielgruppe "kleine und mittelständige Unternehmen" sollen nicht anhand von exakt meßbaren Größen festgemacht werden. Vielmehr soll sie alle Unternehmen umfassen, die ihre Datenverarbeitung nicht fest in die Organisation des Unternehmen eingebunden haben. Dazu gehören alle Unternehmen die entsprechende Dienstleistungen aus den verschiedensten Gründen bisher vollständig extern bezogen haben, aber auch kleine Unternehmen mit nur wenigen Mitarbeitern.

Die Nutzung des Internet ist schon lange nicht mehr nur für Großunternehmen realisierbar. Auch kleinen und mittelständigen Unternehmen bietet sich die Möglichkeit, mit Kreativität und geringen finanziellen Mittel eine Präsenz zu schaffen, die der von Unternehmen mit verhältnismäßig hohen Budgets für diesen Bereich in nichts nachsteht.

Insbesondere soll auf spezifische Fragestellungen und Anforderungen dieser Zielgruppe eingegangen werden, die in der Regel anders ausgerichtet sind, als die von Großunternehmen oder von Unternehmen mit internetspezifischen Geschäftsfeldern. In kleinen und mittelständigen Unternehmen besteht oftmals der Wunsch nach einem Zugang zum Internet als Informationsnachfrager und nach dem Aufbau einer ansprechenden Internet-Präsenz. Die Kosten eines solchen Engagement sollen jedoch in einem überschaubaren finanziellen Rahmen bleiben und die Sicherheit muß gewährleistet sein. Insbesondere die Unübersichtlichkeit und die Dynamik des Internet-Markts stellt für mittelständige Nachfrager ohne eingehende Erfahrungen eine nicht unerhebliche Hürde dar, die es zu überwinden gilt.

Die Diplomarbeit entstand in Begleitung eines Projekts an der Akademie für Internationales Management, Mannheim. Ziel war die Anbindung des Netzwerks an das Internet und die Implementation eines Internetangebots mit einer eigenen Domain im Internet. Die dabei aufgeworfenen Fragestellungen und die aufgetretenen Probleme sind komplett in diese Arbeit eingeflossen.

1.2 Gedankenführung und Themenabgrenzung

Wenn man sich dem Themengebiet "Internet" widmet, ist es von Vorteil sich zuerst mit den grundlegenden Funktionsweisen und Technologien des Internet vertraut zu machen, da ein Großteil der zu treffenden Entscheidungen einen starken technischen Charakter hat. Auch bei der Inanspruchnahme von externen Serviceleistungen sind diese Kenntnisse in bezug auf die entstehenden Kosten von Vorteil. Daher werden zunächst Ursprung, Organisation und Aufbau sowie technologische Grundlagen behandelt.

Die Einführung eines Internetangebots und die Anbindung des Unternehmens an das Internet setzt eine umfassende Planung voraus. Diese kann sehr vielschichtig sein, da sie viele miteinander eng verknüpfte technische und betriebswirtschaftliche Aspekte enthält. Während dieser Planungsphase werden Umfang, Funktionalität und die prinzipielle Architektur festgelegt.

Die Planausführung betrifft dann die eigentliche Anbindung an das Internet sowie Aufbau und Implementierung des Informationsangebots. Dabei ist die Sicherheit der Ressourcen und bei Transaktionen aufgrund der nicht unerheblichen Sicherheitsrisiken von großer Bedeutung. Diese Problematik wird daher abschließend in einem eigenen Kapitel behandelt.

Da die Bandbreite der denkbaren Lösungen sehr weit gestreut ist, können nicht alle Möglichkeiten einer Internetanbindung einzeln betrachtet werden. Je nach Aufbau der bereits bestehenden Strukturen, und deren Einbindung in das neue Konzept können die Gestaltungsmöglichkeiten sehr vielfältig sein. Daher soll mehr ein Überblick über die grundsätzlichen Konzepte gegeben werden. Es soll auf alle zu beachteten Aspekte eingegangen werden und der strategische Ablauf einer Anbindung sowie die Erstellung des Informationsangebotes dargestellt werden. Die möglichen Probleme bei den einzelnen Phasen sollen ebenso erwähnt werden.

Die Nutzungsmöglichkeiten des Internets in Unternehmen und rechtliche Aspekte sollen nur am Rande gestreift werden. Auch die Frage der inhaltlichen Gestaltung soll nicht Hauptthema dieser Arbeit sein. Selbiges gilt auf für die im Internet angebotenen Dienste, da dies den Rahmen dieser Arbeit übersteigen würde.

2 Einführung und Grundlagen des Internet

2.1 Definition

Die am meisten verwendeten Definitionen für das Internet sind, daß es ein „Netzwerk von Netzwerken"[1] beziehungsweise ein "Netzwerk von Tausenden von unabhängigen Netzwerken"[2] darstellt. Das Internet verkörpert dabei einen weltweiten Rechnerverbund von Personal Computern, aber vor allem Local Area Networks (LAN) und Metropolitan Area Networks (MAN), die über Rechnerknoten und unter Einsatz eines gemeinsamen Protokolls untereinander kommunizieren können. Diese Form eines Netzwerks wird als Wide Area Network (WAN) bezeichnet. Das Internet ist ein globales Informationssystem[3], daß durch seine Mächtigkeit und die Teilnehmerzahl jedes andere WAN in den Schatten stellt[4]. Das Internet ist mit etwa 30 bis 40 Millionen Benutzern[5] das größte Netzwerk der Welt und erstreckt sich über alle 5 Kontinente und deckt mehr als 150 Länder ab[6].

2.2 Geschichte

Das Internet findet seinen Ursprung in den Bemühungen des US-Verteidigungsministeriums (Department of Defence, DoD) während des kalten Krieges neue Methoden zur zuverlässigen Datenübertragung zu erforschen. Es sollte ein militärisches Kommunikationssystem entwickelt werden, daß gegenüber gewaltsamen Zerstörungen, wie zum Beispiel atomare Angriffe, besser geschützt werden konnte[7]. Die damals im Einsatz befindliche leitungsorientierte Datenübertragung konnte diesem Anspruch nicht gerecht werden. Die amerikanische RAND Corporation wurde deshalb damit beauftragt, ein Konzept für ein militärisches Netzwerk zu entwickeln, das auch noch dann funktionsfähig bliebe, wenn ein Teil seiner Infrastruktur zerstört würde[8]. Auf diesem Konzept aufbauend entwickelte die Advanced Research Projects Agency (ARPA)[9] die paketorientierte Datenübertragung[10].

---

[1] vgl. Obermayer u.a., 1995, Seite 5
[2] vgl. Weichselgartner, in : iX 1/1996, S.136 ff
[3] vgl. FNC Resolution vom 24.10.1995, Definition des Begriffs "Internet", http://www.fnc.gov/Internet_res.html
[4] vgl. Rost und Schach, 1995, Seite 33
[5] siehe Abschnitt 2.3 Quantitative Entwicklung des Internet
[6] vgl. mids.org : Editorial: State of the Internet, January 1997, http://www3.mids.org/mnq/401/pubhtml/ed.html
[7] vgl. RFC 1462
[8] vgl. Fey, Hüskes, Kossel, in : c't 9/1995, Seite 140
[9] http://www.arpa.mil
[10] siehe Abschnitt 2.5.2 Arten der Datenübertragung und Fey, Hüskes, Kossel, 1995, Seite 141

Mit der Inbetriebnahme des Arpanet 1969, wurde der Grundstein für das heutige Internet gelegt. Das installierte Netzwerk bestand zunächst nur aus vier Knotenrechner, breitete sich aber sehr schnell über Universitäten und Forschungseinrichtungen in den USA aus. Es stellte sich schnell heraus, daß das Arpanet sehr intensiv zu Kommunikationszwecken sowie zum Datenaustausch genutzt wurde und es sich kontinuierlich qualitativ und quantitativ weiterentwickelte[11].

Die Verwaltung des Netzes ging 1973 zur Defense Advanced Research Projects Agency (DARPA)[12] über und man begann mit einem Forschungsprojekt namens „Internetting Project", um Lösungen zur Verknüpfung der einzelnen heterogenen Netze zu erarbeiten. Hieraus entstand der Gedanke zur Verwendung eines gemeinsamen Protokolls, das festlegt, wie Daten von einem Netzwerk zum anderen übertragen werden. Die Entwicklung des TCP/IP-Protokolls (Transmission Control Protocol / Internet Protocol)[13] galt als entscheidender Durchbruch bei der Vernetzung unterschiedlicher paketorientierter Netzwerke. Es dauerte allerdings bis zum Jahre 1983, bis alle Arpanet-Knoten auf dieses Protokoll umgestellt wurden und man von einem Standard für Übertragunsprotokolle sprechen konnte. Erst ab diesem Zeitpunkt an bezeichnete man das Arpanet und die angeschlossenen Netzwerke als Internet.

Durch die rasche Verbreitung des Übertragungsprotokolls TCP/IP und dessen Integration in das weit verbreitete Betriebssystem UNIX, nahm der netzübergreifende Datenverkehr ständig zu. Die National Science Foundation (NSF) gründete daher 1986 das NSFNET, um einen umfassenden Kommunikationsaustausch zwischen Wissenschaftlern zu ermöglichen[14]. Dieses Netzwerk verwendete als Protokoll TCP/IP und wurde als Backbone-Netz für die bereits bestehenden Netze ausgelegt. Im selben Jahr wurde auch der Domain Name Service (DNS)[15] eingeführt, dar es ermöglichte jedem Teilnehmer eine eindeutige Adresse zuzuweisen.

Die Entwicklung und Einführung des World Wide Web (WWW oder W3) führte zur globalen Verbreitung des Internet. Erst durch das WWW und seine Möglichkeiten fand das Internet den Weg von einer streng wissenschaftlich orientierten Anwendung hin zu einer kommerziellen Anwendung[16]. Die Ausdehnung der Internetteilnehmer auf Privatpersonen und Unternehmen stellte die jüngste Entwicklung in der Geschichte des Internet dar[17].

---

[11] vgl. RFC 1462
[12] http://www.darpa.mil
[13] siehe Abschnitt 2.5.3 Internet-Protokolle
[14] vgl. RFC 1462
[15] siehe Abschnitt 2.5.4 Adressierungssystem
[16] vgl. Internet Society, A Brief History of the Internet unter http://www.isoc.org/internet-history/
[17] vgl. RFC 1462

2.3 Quantitative Entwicklung

In den Anfangsjahren des Internet war die Entwicklung geographisch auf die USA beschränkt.
Erst durch die Koordinierung der Internet Society[18] wurde es möglich, daß sich das Internet über
Ländergrenzen hinweg ausbreiten und weiterentwickeln konnte. Die Internet Weltkarte von
Landweber (siehe Anhang), in der die Internetanschlüsse aller geographischen Regionen darge-
stellt sind, verdeutlicht die internationale Ausbreitung des Internet.

Das **Internet Domain Survey**[19] von Lotter ist eine internetinterne Erhebung zur Teilnehmerzahl,
die breite Anerkennung gefunden hat und liefert auch die einzige Zusammenstellung über die
Entwicklung der Hostrechner (siehe Abbildung 1) über einen längeren Zeitraum.

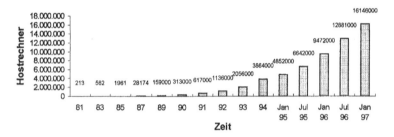

Abb. 1: Quantitative Entwicklung der Hostrechner (Quelle: Internet Domain Survery)

Die Zahl der angeschlossenen Hosts ist ein wichtiges Kriterium, da von ihr Rückschlüsse auf die
Gesamtzahl der Benutzer gezogen werden können. Die Gesamtzahl der Internetteilnehmer kann
durch Multiplikation von der durchschnittlichen Benutzerzahl je Host mit der Gesamtzahl der
Hosts ermittelt werden[20].

Die durchschnittliche Anzahl der Teilnehmer pro Host wird bei Lotter auf 3,5 geschätzt. Damit
liegt Lotter im Vergleich zu anderen Untersuchungen sehr niedrig, die sich mit ihren Schätzungen
zwischen 3,5 und 10 bewegen. Für die Gesamtzahl der Teilnehmer des Internet lassen sich somit
unterschiedliche Werte errechnen, die in Abbildung 2 dargestellt sind.

Hostrechner	Teilnehmer			
	Januar 1996	Faktor 3,5	Faktor 5	Faktor 7,5	Faktor 10
Hochrechnung	16.146.000[21]	56.511.000	80.730.000	121.095.000	161.460.000

Abb. 2: Hochrechnung der Internet-Teilnehmer (Quelle: Internet Domain Survey)

---

[18] siehe Abschnitt 2.4.2 Institutionen
[19] http://www.nw.com
[20] vgl. Alpar, 1996, Seite 21
[21] vgl. Lotter Internet Domain Survey, Januar 1997 unter http://www.nw.com

Auf der Basis von Lotters Untersuchungen kann man zum Zeitpunkt der Erhebung von etwa 56,5 Millionen Nutzern ausgehen, während andere Erhebungen die Anzahl der Teilnehmer des Internet auf eine Spanne zwischen 56 und 161 Millionen festlegen.

Die Ergebnisse weichen deshalb so stark von einander ab, da die Ausgangsgrößen nicht exakt meßbar sind und somit immer nur Schätzungen sein können. Es ist auch zu unterscheiden, ob die jeweiligen Teilnehmer über einen vollen oder einen eingeschränkten Internetzugang (zum Beispiel Anbindung per UUCP[22]) verfügen[23].

Aktuelle Zahlen zur Rechnerentwiclung in Deutschland und Europa liefert das DE-NIC[24]. Ende März 1997 wurden für Deutschland 772.572 Rechner gezählt, während sich in Gesamtzahl in Europa auf 4.213.308 beläuft[25].

2.4 Organisation

Bei der Betrachtung des Internet und der administrativen Grundlagen stellt sich natürlich auch die Frage nach dem Eigentümer, den beteiligten Institutionen, der Organisationsstruktur und der Finanzierung des Netzes. Als spezielle Aufgaben, die im Rahmen der Verwaltung auftreten, sind insbesondere die Adressenverwaltung und die Standardisierung für den Benutzer von Interesse.

2.4.1 Verwaltung und Finanzierung

Die von den Initiatoren des Arpanet beabsichtigte dezentrale und offene Konzeption des Internet ist bis heute erhalten geblieben. Alle an das Internet angeschlossenen wissenschaftlichen Einrichtungen sowie sämtliche über Gateways oder Router angebundenen lokalen Netzwerke sind als ein Teil des Netzes zu betrachten. Demzufolge ist jeder mit dem Internet verbundenen Teilnehmer ein Teileigentümer, nämlich als Eigentümer seines Gerätes oder Teilnetzes[26]. Es existiert daher weder ein zentraler Eigentümer noch eine zentrale Leitung oder Verwaltung[27].

Der lokale Netzwerkbetreiber trägt die Verantwortung für die Verwaltung und Finanzierung seines Netzes. Hinsichtlich der Finanzierung fallen Kosten für Hard- und Software des lokalen Netzes sowie für die Verbindung mit dem nächst höheren Netzwerk an, für die der lokale Betreiber selbstverantwortlich ist. Voraussetzung für eine Kopplung der Netzwerke untereinander sind einheitliche Standards[28]. Die Notwendigkeit zentraler Instanzen erfordert finanzielle Mittel, die

---

[22] siehe Abschnitt 2.5.6 Internetzugänge
[23] vgl. RFC 1296
[24] vgl. Abschnitt 2.4.3 Adreßverwaltung
[25] vgl. http://www.nic.de/netcount/netStatOverview.html
[26] vgl. Kunze, 1995, Seite 145
[27] vgl. Fey, Hüskes, Kossel, in : c't 9/1995, Seite 140
[28] vgl. RFC 1462

bisher überwiegend von der öffentlichen Hand getragen werden[29]. Auch durch die Einrichtung und Aufrechterhaltung der für die überregionale Kommunikation erforderlichen Hauptverkehrsstrecken (Backbones) ist bisher ein bedeutender Teil des Internet mit öffentlichen Geldern subventioniert worden[30].

2.4.2 Institutionen

Mit der Verwaltung und Weiterentwicklung des Internet beschäftigen sich eine Vielzahl von nationalen und internationalen Organisationen und Interessenvertretungen:

Die seit 1991 existierende Internet Society (ISOC)[31] kann als die Dachorganisation des Internet umschrieben werden. Zahlreiche Organisationen aus verschiedenen Ländern haben diesen Dachverband gegründet, um das Internet länderübergreifend effektiv zu koordinieren. Es handelt sich um eine internationale, gemeinnützige Organisation mit Sitz in den USA. Hinsichtlich der Aufgabenstellung beschreibt sich die ISOC als eine Organisation, die „Hilfestellung und Unterstützung allen Gruppen und Organisationen anbietet, die sich mit dem Betrieb und der Weiterentwicklung des Internet beschäftigen. Sie unterstützt weiterhin Gruppen, die technische und betriebsbedingte Fragen diskutieren, und liefert Mechanismen, die es ermöglichen, sich über das Internet, seine Funktionen, seine Nutzung und die Interessen seiner Gründer zu informieren."[32]

Dem Dachverband ISOC wurden weitere Organisationen eingegliedert, die bereits vor der ISOC existierten. Es handelt sich dabei um Arbeitsgruppen, die sich mit speziellen Sachthemen beschäftigen. Zu nennen ist insbesondere das Internet Architecture Board (IAB)[33], das für die weitere technische Entwicklung des Internet verantwortlich ist. Hauptaufgabe ist dabei die Entwicklung von Richtlinien und Standards. Hierzu wurde das IAB in weitere Arbeitsgruppen untergliedert. Die Internet Engineering Task Force (IETF)[34], die sich mit der Lösung aktueller Problemfälle (insbesondere neue Adressierungsstrategien sowie Transporttechnologien zur Übermittlung von Daten) auseinandersetzt, währenddessen die Internet Research Task Force (IRTF)[35] sich einer langfristigen Forschung zuwendet (zum Beispiel Sicherheit, Geheimhaltung und Hilfsquellen). Die einzelnen Arbeitsgruppen untergliedern sich wiederum in einzelne Fachgruppen, die sich mit individuellen Problemlösungen beschäftigen.

---

[29] vgl. RFC 1462
[30] vgl. Fey, Hüskes, Kossel, in : c't 9/1995, Seite 140
[31] http://www.isoc.org
[32] vgl. http://info.isoc.org
[33] http://www.iab.org/iab
[34] http://www.ietf.org
[35] http://www.irtf.org

2.4.3   Adreßverwaltung

Für die zentrale Adreßverwaltung ist das Internet Network Information Center (InterNIC)[36] mit

Sitz in den USA verantwortlich, das von Network Solutions Inc. im Auftrag der National Science

Foundation (NSC) geleitet wird. Diese Organisation dient als Register für Domains und Netz-

werknummern des Internet im allgemeinen und übernimmt somit die für den Netzbetrieb wichtige

Aufgabe der Koordination von Adressenvergabe und –verwaltung. Die InterNIC delegiert die

Adressenvergabe in den einzelnen Ländern an regionale Organisationen. Der Zuständigkeitsbe-

reich für Europa liegt bei der Internet-Registratur Reseaux IP Europeens (RIPE)[37] in Amsterdam.

In Deutschland wird dies vom Deutschen Network Information Center (DE-NIC)[38] an der Univer-

sität Karlsruhe übernommen. Dort wird der Primary-Nameserver für die Toplevel-Domain „de"

betrieben, die Verteilung der Internetnummern koordiniert und die Vergabe von Domains in

Deutschland zentral verwaltet.

Die Abgabe und Registrierung von IP-Adressen und Domain-Namen war für die Antragsteller

ursprünglich kostenfrei. Seit September 1995 wird jedoch sowohl für die Verwaltung bestehen-

der, als auch für die Vergabe neuer Adressen eine Gebühr erhoben[39]. Laut Gebührenordnung des

InterNIC sind für die Neuregistrierung eines Blocks Class-C-Adressen (bis zu 255 IP-Adressen)[40]

einmalig US$ 100 für die ersten zwei Jahre zu zahlen. Nach Ablauf dieser Periode wird für eine

jährliche Gebühr von US$ 50 erhoben. Diese Preise beziehen sich jedoch nur auf die Toplevel-

Domains „com, org, gov, edu, net". In Deutschland (Toplevel-Domain „de") wird eine entspre-

chende Gebühr von IV-DE-NIC erhoben, die in Abschnitt 5.4 näher erläutert wird.

2.4.4   Standardisierung

Eine der Hauptaufgaben der verschiedenen Internet-Organisationen, insbesondere der IAB und

IETF, ist die Standardisierung von technischen Neuerungen. Das Setzen von Standards ermög-

licht allen Internetteilnehmern, auf der gleichen technischen Basis miteinander zu kommunizieren.

Im Zusammenhang mit der Standardisierung werden sogenannte „Request for Comments" (RFC)

von der IETF veröffentlicht. Ein RFC ist zunächst ein Papier, das Spezifikationen, Vorschläge,

Ideen und Richtlinien enthalten kann. Jedem Interessierten ist es möglich, einen RFC bei einem

RFC-Editor[41] einzureichen. Dieser ist für die Prüfung, Veröffentlichung und Verteilung der RFCs

zuständig. Ein Verfasser ist allerdings angehalten, bestimmte Vorschriften bei der Einsendung zu

---

[36] http://www.internic.org
[37] http://www.ripe.net
[38] http://www.nic.de
[39] vgl. http://rs.internic.net/announcements/index.html
[40] siehe Abschnitt 2.5.4 Adressierungssystem
[41] http://www.isi.edu/rfc-editor/

beachten[42]. Jeder RFC enthält eine Nummer, wobei diese grundsätzlich in der Reihenfolge der Veröffentlichung vergeben werden. Die Verbreitung der Papiere erfolgt über das Internet selbst, indem sie über zahlreiche FTP-Server zur Verfügung gestellt werden[43]. Der Großteil der RFCs beinhaltet lediglich technische Informationen, die nicht als Standard ausgewiesen sind. Damit eine technische Spezifikation zum Standard erhoben werden kann, muß ein geregelter, dreistufiger Standardisierungsprozess durchlaufen werden. Am Beginn steht die Prüfung der Spezifikationen und die Erklärung zum „Proposed Standard" durch die IETF. Existieren mindestens zwei unabhängige Implementationen, die reibungslos zusammenarbeiten, kann die Spezifikation nach frühestens sechs Monaten zum „Draft Standard" erhoben werden. Nach eventuellen geringfügigen Modifikationen und einer angemessenen Probezeit kann die Neuerung zum Internet-Standard erklärt werden. Eine Darstellung befindet sich im Anhang.

2.5 Dienste

Zu den verschiedenen Diensten im Internet gehören

- **Elektronische Post (E-Mail)**
- **Diskussionsgruppen**
  - E-Mail-Verteilerlisten
  - Listserver
  - Newsgruppen
- **File Transfer Protocol**
- **Suchdienste**
  - Gopher
  - Archie
- **Telnet**
- **Internet Relay Chat (IRC)**
- **World Wide Web**

Die verschiedenen Dienste und ihre Einsatzmöglichkeiten sind nicht Hauptthema dieser Arbeit, sollen aber zur Vollständigkeit an dieser Stelle erwähnt werden. Kurze Erläuterungen zu den einzelnen Diensten sind aber im Glossar aufgeführt.

---

[42] vgl. RFC 1543 und ftp://ftp.ietf.org/ietf/1id-guidelines.txt
[43] zum Beispiel ftp://ftp.nic.de/pub/doc/rfc

2.6 Technologische Grundlagen

Wenn man sich mit der kommerziellen Nutzung des Internet beschäftigt, ist es unerläßlich auch ein gewisses Maß an Kenntnissen über die zugrundeliegenden Technologien zu besitzen. Daher sollen nachfolgend die grundlegenden Funktionsweisen des Internet erläutert werden und die technischen Zusammenhänge in einem Überblick dargestellt werden.

2.6.1 Client-Server-Architektur

Wie bereits in Abschnitt 2.1 erwähnt, hat sich das Internet aus einzelnen selbständigen Computernetzwerken entwickelt. Basierend auf der Internettechnologie ist ein Verbund aus den verschiedensten, unabhängigen lokalen Datennetzen entstanden. Dadurch war der Datentransfer nicht nur auf ein lokales Netzwerk beschränkt und konnte sich auch auf entfernte Netzwerke erstrecken. Die Architektur des Internet, also der technische und logische Aufbau, beruht auf dem Client-Server-Prinzip, das bereits in der betrieblichen Datenverarbeitung angewendet wird. Dieses Prinzip wurde auf den weltweiten Rechnerverbund des Internet übertragen. Im Internet findet wie in einem unternehmensinternen Rechnerverbund eine Rollenverteilung im Netzwerk statt, bei der ein Server einen Dienst bereitstellt, der von den einzelnen Clients genutzt werden kann. Hierzu ist auch ein entsprechendes Softwarekonzept erforderlich[44]. Dieses ist gemäß dem Architekturprinzip in die Funktionsteile Client und Server aufgeteilt. Dabei stellt der Client-Teil eine Anwendung dar, welche die Verbindung zu einer Server-Anwendung aufbaut[45].

Die physikalische Verbindung innerhalb der Client-Server-Systeme wird durch ein dichtes Netz von nationalen, internationalen und interkontinentalen Datenverbindungen mit unterschiedlicher Übertragungsbreite hergestellt[46]. Dabei bilden permanente Übertragungsleitungen (Standleitungen) mit einer hohen Übertragungsbreite den Kern der Infrastruktur[47]. Die Übertragung von Daten ist aber nicht an ein einzelnes Medium und eine direkte Verbindung gebunden. So kann sich der Datenfluß zwischen Client und Server auch über Satellitenverbindungen, Richtfunk und Telefonleitungen (analog und digital) erstrecken[48].

2.6.2 Arten der Datenübertragung

Um den tatsächlichen Datentransfer zwischen Client und Server näher zu analysieren, ist ein Rückgriff auf die Entwicklungsgeschichte des Internet dienlich. Zu Beginn der Forschungsaktivitäten stand die Untersuchung von Methoden der zuverlässigen Datenübertragung im Mittelpunkt,

---

[44] siehe Abschnitt 4.5 Dimensionierung und Auswahl der Software
[45] vgl. Schimpf, 1995, Seite 49
[46] vgl. Der Spiegel, 19/1997, Seite 189
[47] vgl. Borowka, 1996, Seite 31
[48] vgl. Rost und Schach, 1995, Seite 52

da die bisherige leitungsorientierte Datenübertragung (circuit switching) als nicht robust genug gegenüber einer möglichen gewaltsamen Zerstörung eingeschätzt wurde. In Konkurrenz dazu wurde deshalb die paketorientierte Datenübertragung (packet switching) entwickelt[49].

Die traditionelle, leitungsorientierte Übertragung erfordert den Aufbau einer physikalischen Verbindung zwischen Sender und Empfänger vor einer Datenübertragung und die Aufrechterhaltung während derselben. Dieser Übertragungsmethode liegt zum Beispiel beim Datenaustausch über das Telefonnetz zugrunde. Bei der Datenübertragung über das Internet ist keine direkte physikalische Verbindung zwischen Sender und Empfänger notwendig. Dies ist als entscheidender Vorteil der paketorientierten Datenübertragung zu betrachten. Die zu versendenden Daten werden in Datenpakete aufgeteilt und seperat über das Netzwerk verschickt. Dabei können die Pakete, je nach Verfügbarkeit und Bandbreite der Leitungen sowie Übertragungszeit ganz unterschiedliche Übertragungswege zurücklegen. Voraussetzung dafür ist eine Beschriftung jedes einzelnen Datenpaketes mit den erforderlichen Adreßinformationen. Dazu gehören Sende-, Empfangsadresse und Sequenznummer. Diese Informationen garantieren, daß jedes Paket den richtigen Empfänger findet und dort in der richtigen Reihenfolge wieder zusammengesetzt werden kann[50].

2.6.3 Internet-Protokolle

Der Schlüssel für die Anwendung einer paketorientierten Datenübertragung liegt in der Anwendung eines allgemein anerkannten Protokolls. Als Standard für Internet-Anwendungen hat sich das TCP/IP-Protokoll (Transmission Control Protocol / Internet Protocol), auch DoD-Protokoll, etabliert, welches momentan in der Version 4 vorliegt[51].

Generell setzen sich Protokolle aus verschiedenen Schichten (Layers) beziehungsweise Ebenen zusammen, wobei jede Schicht ganz spezifische Aufgaben innerhalb des Kommunikationsprozesses zu erfüllen hat. Die International Standards Organisation (ISO) legte 1983 einen Standard für Kommunikationsprotokolle fest, das sogenannte ISO-OSI-Referenzmodell (Open Systems Interconnection)[52]. Bei TCP/IP handelt es sich um eine ganze Familie von Protokollen, die modular miteinander verknüpft sind und in verschiedenen Schichten aufeinander aufbauen und daher auch als Protokollstapel bezeichnet werden. Jedes dieser Protokolle läßt sich daher einer bestimmten Schicht innerhalb des Referenzmodells zuordnen.

---

[49] siehe Abschnitt 2.2 Geschichte
[50] vgl. Huitema, 1996, Seite 70
[51] vgl. Hosenfeld und Brauer, Seite 330
[52] vgl. Jamsa, 1996, Seite 33 und http://www.iso.ch

Die bekanntesten dieser einzelnen Protokolle sind allerdings „Transmission Control Protokoll" (TCP)[53] und „Internet Protokoll" (IP)[54]. Die Aufgabe von TCP ist es, die zu übertragenden Daten in Datenpakete aufzuteilen und diese zu numerieren, so daß beim Empfänger ein Zusammensetzen in der richtigen Reihenfolge möglich wird. Das IP-Protokoll regelt, wie die Datenpakete auf ihrem Weg durch die einzelnen Netzwerke gesteuert werden, und wer dafür verantwortlich ist. Dazu werden die Pakete mit Adreßinformationen (Header) ausgestattet, die ein Auffinden des Empfängers der Datensendung garantieren. Sollte es zu Störungen auf den Datentransportwegen kommen, ist eine flexible Weiterleitung der Datenpakete garantiert.

2.6.4 Adressierungssystem

Das für das Internet entwickelte Adressformat beruht auf der Vergabe von 32-Bit-Internet-Adressen (IP-Adressen). Eine solche eindeutige und unverwechselbare IP-Adresse besteht aus vier durch Punkte getrennte Dezimalzahlen (zum Beispiel 194.123.167.41). Jede Adresse besteht aus einer Netzidentifikation (Net-ID) und einer Benutzeridentifikation (Host-ID). In einer solchen Adresse sind Angaben über den Rechner selbst, über den Ort des anzuwählenden Rechners und den Weg dorthin beinhaltet.

IP-Adressen mit gleichem Adreßaufbau innerhalb der 32 Bits sind zu Klassen zusammengefaßt und stellen eine unterschiedliche Anzahl von Netzwerk- und Benutzeradressen zur Verfügung (siehe Abbildung 4). Derzeit kann zwischen fünf verschiedenen IP-Adreßklassen (A, B, C, D und E) unterschieden werden, von denen aber nur drei (A, B, C) praktische Bedeutung haben. Die Adreßklasse D soll zukünftig für sogenannte Multicast-Adressen verwendet werden, während die Adreßklasse E zur späteren Verwendung reserviert ist[55]. Abbildung 3 stellt den Aufbau der verschiedenen Adreßklassen dar.

Bits	0		8	16	24	31
Klasse A	0	Netzwerkadresse		Benutzeradresse		
Klasse B	1 0		Netzwerkadresse		Benutzeradresse	
Klasse C	1 1 0			Netzwerkadresse		Benutzeradresse

Abb. 3: Aufbau von IP-Adressen (Quelle Kuri, in : c´t 12/1996)

---

[53] vgl. RFC 793
[54] vgl. RFC 791
[55] vgl. Kuri, in : c´t 12/1996, Seite 335

Adreßklasse	Größe der Netz-werkadresse	Größe der Benuzer-adresse	Anzahl der Netz-werke (theoretisch)	Anzahl der Benut-zer je Netzwerk
A	7 Bits	24 Bits	128	16.777.214
B	14 Bits	16 Bits	16.384	65.534
C	21 Bits	8 Bits	2.097.152	254

Abb. 4: Theoretische Anzahl von Netzwerken und Benutzern je Adreßklasse (Quelle: Kyas, 1997)

Da die Systematik der Dezimalzahlen für den Benutzer nur schwer zu durchschauen ist, wurde 1986 mit dem Domain Name System (DNS), einer Methode zur Namensverwaltung, das bisherige IP-Adressensystem anwenderfreundlicher gestaltet. An Stelle der Dezimalzahlen (194.123.167.41) können auch logische Domain-Namen (wie zum Beispiel *www.akademie-aim.de*) verwendet werden, die auf der oben aufgezeigten hierarchischen Struktur basieren. Alle an einen Rechner angeschlossen Benutzer gehören einer Domain an. Diese wiederum ist andere Domains angeschlossen, die ebenfalls mit höherrangigen Domains verbunden sind. Diese Verkettung erfolgt von der untersten Hierarchieebene (Rechnerkennung) bis zur höchsten Domain, die als [generic] Toplevel-Domain (gTLD)[56] bezeichnet wird. Innerhalb einer Domain-Adresse steigen die Hierarchien von links nach rechts an, so daß die Toplevel-Domain auf der äußersten rechten Seite zu finden ist.

Ursprünglich unterschied man auf der höchsten Hierarchieebene sechs Domain-Namen, die im folgenden aufgelistet sind:

.edu	Bildungseinrichtungen	**.net**	Netzbetreiber
.com	Kommerzielle Organisationen	**.mil**	Militärische Einrichtungen
.gov	US-Regierungsstellen	**.org**	sonstige Organisationen

Durch dieses System sagt ein Domain-Name auch etwas darüber aus, wer für die jeweilige Domain verantwortlich ist. Mit der Verbreitung des Internet über die USA hinaus wurden Länderkennungen, wie zum Beispiel **.de** für Deutschland, hinzugefügt.

Das Internet Ad Hoc Committee (IAHC)[57] plant aber aufgrund der starken Nachfrage nach Internet-Adressen bereits die Einführung neuer Toplevel-Domains, die wie nachstehend geplant sind.[58]

---

[56] vgl. http://www.iahc.org
[57] siehe Abschnitt 2.4.2 Institutionen
[58] vgl. http://www.iahc.org und http://www.isoc.org sowie c't, 6/1997, Seite 34

.firm	Unternehmen	.rec	Freizeit und Unterhaltung
.store	Warenverkäufer	.info	Informationsanbieter
.web	Web-Organisation	.nom	Privatpersonen
.arts	Kultur-/Unterhaltung		

Zur eigentlichen Datenübertragung müssen die Domain-Namen wieder in den numerischen Code übersetzt werden. Dazu existieren auf den einzelnen Netzebenen sogenannte Domain-Name-Server (DNS), die anhand von gespeicherten Tabellen eine Übersetzung vornehmen.

Obwohl sich das derzeit praktizierte Adressierungssystem sehr gut bewährt hat, werden in Zukunft jedoch einige Änderungen vorgenommen werden müssen. Da das bestehende Adressenangebot beschränkt ist, wird der verfügbare Adreßraum in Zukunft einen Engpaß darstellen. Bei einem Vergleich der bestehenden Netzwerke und deren Benutzern mit den verfügbaren Netzwerk- und Benutzeradressen wird die begrenzte Verfügbarkeit deutlich (siehe Abbildung 5).

Adress klasse	Größe der Netzwerk- adresse	Größe der Benutzer- adresse	Anzahl der Netzwerke (theoretisch)	Anzahl der Benutzer je Netzwerk	Anzahl der bestehen- den Netz- werke	Vergebene Adressen
A	7 Bits	24 Bits	128	16.777.214	95	74,2 %
B	14 Bits	16 Bits	16.384	65.534	5892	35,9 %
C	21 Bits	8 Bits	2.097.152	254	128378	6,1 %

Abb. 5: Auslastung der verschiedenen Adreßklassen (Quelle: Internet Domain Survey)

Eine Weiterentwicklung eines neuen Adressierungkonzeptes ist daher unumgänglich. Kurzfristig soll das Adreßproblem durch Einführung neuer Routing-Protokolle zwischen des Domains, sogenannte „Classless Inter-Domain Routing" (CIDR)[59], entschärft werden.

Als längerfristige Lösung wird in den Internetgremien verstärkt daran gearbeitet, das bisherige IP-Protokoll (Version 4 / IPv4) durch ein neu zu entwickelndes Internet-Protokoll (Version 6 / IPv6) zu ersetzen[60]. Dieses IP-Protokoll der nächsten Generation (IPnG)[61] beinhaltet unter anderem die Umstellung des Adreßraums von 32 auf 128-Bit-Adressen und deren hierarchische Strukturierung. Durch diese Maßnahme soll sowohl der generelle Engpaß an Adressen auf lange Sicht behoben als auch das Routing vereinfacht werden. Weiterhin soll dieses Protokoll das Fehlen einer Adreßklasse für mittelgroße Organisationen korrigieren, da die Anzahl der Host-Adressen der Klasse C (254) oftmals zu gering , die der Klasse B (65.534) zu groß ist.

---

[59] vgl. http://nic.merit.edu/nsfnet/statistics/CIDR.html
[60] vgl. Hosenfeld, 1996, Seite 380
[61] vgl. RFC 1550 und 1752

Neben der Entwicklung eines adäquaten Adreßraums ist auch die Schaffung zusätzlicher Sicherheitsoptionen Bestandteils dieses neuen IP-Protokolls[62].

2.6.5 Router und Gateways

Die paketorientierte Übertragung erfordert eine geeignete Hardwarearchitektur, die den Übergang zwischen den Netzwerken sicherstellt. Es werden dafür spezielle Rechner eingesetzt, welche die Informationen auf den Datenpaketen lesen und dann einen geeigneten Weg zum Zielrechner auswählen können. In der Internet-Architektur wird zwischen Router und Gateways unterschieden. Ein Router stellt die protokollgebundene Verbindung zwischen zwei oder mehreren Netzwerken her. Voraussetzung für den Datenverkehr über einen Router ist die Verwendung desselben Protokolls durch die angeschlossenen Netzwerke (zum Beispiel IP-Protokoll). Ein Gateway hingegen ermöglicht eine Verbindung über Protokollgrenzen hinweg, wobei die Daten aus einer Protokollfamilie in eine andere umgesetzt werden. Es sind mittlerweile auch Router auf dem Markt, die eine ganze Reihe von Protokollen beherrschen und somit wie Gateways über Protokollgrenzen hinweg arbeiten.

2.6.6 Internetzugänge

Bei der Realisierung des Internetzugangs ist zu überlegen, auf welche Art und Weise der Zugang eines Rechners oder eines Netzwerks erfolgen soll. Dabei stellt sich einerseits die Frage der Anbindungsalternativen (softwareseitiger Aspekt) als auch der Datenübertragungsleitungen (technischer Aspekt).

a) Anbindungsalternativen

Grundsätzlich können zwei Arten von Anbindungsalternativen unterschieden werden, durch diese ergeben sich jedoch differenzierte Zugriffsmöglichkeiten auf die Dienste des Internet[63].

- **Eingeschränkter Zugang (Offline-Zugang)**
- **Vollwertiger Zugang (Online-Zugang)**

Eingeschränkter Zugang per UUCP (Unix-to-Unix-Copy-Program)
Bei dieser Übertragungsmethode nutzt man das UUCP-Protokoll, daß nicht mehr nur für UNIX-Rechner, sondern für alle gängigen Betriebssysteme erhältlich ist. Mit Hilfe dieses Protokolls lassen sich Daten von einem Netzserver auf den PC herunterladen, die dann offline bearbeitet

---

[62] Aktueller Stand der Implementation unter
    http://www.playground.sun.com/pub/ipng/html/ipng-implementations.html
[63] vgl. Alpar, 1996, Seite 32ff

werden können. Die Einschränkung besteht darin, daß nur E-Mail und Newsnachrichten zwischen Netz und PC ausgetauscht werden können. Da das Internet darüber hinaus noch weitere, mit UUCP nicht (Telnet) oder nur mühsam erreichbare Anwendungen (WWW) anbietet, spricht man von einer eingeschränkten oder unechten Internet-Anbindung.

Vollwertiger Zugang per Terminalprogramm (Remote Login)

Ein Terminalprogramm befähigt einen PC, sich in einem bestehenden Internetknoten mit direkten Internetzugang (zum Beispiel beim Provider) einzuloggen und die Dienste dieses Rechners online zu nutzen (Remote Login). Da alle Internetdienste genutzt werden können, sofern auf dem einzuloggenden Rechner vorhanden, spricht man hier von einem Vollzugang.

Vollwertiger Zugang per SLIP oder PPP

Eine direkte TCP/IP-Verbindung (Zugang auf IP-Basis) des eigenen Rechners wird durch das Serial Line Interface Protocol (SLIP) oder das Point-to-Point-Protocol (PPP) ermöglicht. Dabei wird der Rechner als eigenständiger und vollwertiger Internet-Teilnehmer in das Netz eingebunden. Dabei erhält der Teilnehmer eine eigene IP-Adresse, die jedoch bei jedem Log-In wechselt. Dies entspricht zunächst einer seriellen und nicht der für das Internet standardisierten paketorientierten Verbindung. Durch die Protokolle SLIP oder PPP wird die Nachbildung einer paketorientierten Übertragung auf einer seriellen Telefonleitung ermöglicht.. Der Unterschied zwischen den beiden Protokollen besteht darin, daß PPP eine modernere und leistungsfähigere Variante darstellt.

Vollwertiger Zugang über permanente IP-Verbindung (Standleitung)

Die Zugangsmöglichkeit per Standleitung stellte eine permanente IP-Verbindung dar. Die Notwendigkeit des Verbindungsaufbaus durch eine Anwahl entfällt, da die Datenleitung permanent aktiv ist. Der softwareseitige Anschluß erfolgt über die Implementierung des Internet-Protokolls sowie über die Installation der entsprechenden Internet-Anwendungssoftware auf dem eigenen System.

b) Datenübertragungsleitungen

Grundsätzlich kann zwischen folgenden Datenübertragungsleitungen unterschieden werden[64].

- **Analoge Wählverbindungen**
- **Digitale Wählverbindungen (ISDN)**
- **Datenfestverbindungen (Datenmietleitung / Standleitung)**

---

[64] vgl. Kyas, 1997, Seite 353ff

Analoge Wählverbindungen

Für den Aufbau einer analogen Verbindung über eine Telefonleitung ist ein Modem (Modulator/Demodulator) erforderlich, daß binäre Daten in analoge Signale (Töne) konvertiert und umgekehrt. Die Übertragungsgeschwindigkeiten betragen hier zwischen 2.400 bps und 33.6 Kbps je nach Ausführung, wobei erst ab 28.8 Kbps die Übertragungszeiten erträglich werden. In absehbarer Zeit werden auch Modems mit Geschwindigkeiten von 56 Kbps erhältlich sein[65].

Digitale Wählverbindungen

Für höhere Übertragungsgeschwindigkeiten werden heute meistens digitale Anbindungen über ISDN eingesetzt, die mittels Steckkarten oder externen Adaptern realisiert werden können. Hierbei beträgt die Übertragungsgeschwindigkeit 64.000 bps beziehungsweise 128.000 bps bei der Bündelung der zwei verfügbaren Leitungen (B-Kanäle).

Datenfestverbindungen (Datenmitleitung / Standleitung)

Datenfestverbindungen sind im Unterschied zu Wählverbindungen fest zwischen zwei Punkten eingerichtet (Benutzer und Provider) und permanent übertragungs- und empfangsbereit. Diese ständige Betriebsbereitschaft der Internetverbindung ist auch die Voraussetzung für den selbständigen Betrieb eines eigenen Internetknotens[66]. Der größte Anbieter von Datenmietleitungen in Deutschland, die Deutsche Telekom AG, bietet zwei Arten von Datenmietleitungen an:

- **Standard-Festverbindungen (SFV)**
- **Datendirektverbindungen (DDV)**

Derzeit werden elf Standard-Festverbindungstypen mit digitalen Schnittstellen angeboten, die Übertragungsraten zwischen 64 Kbit/s und 140 Mbit/s abdecken. Datendirektverbindungen werden mit Übertragungsraten zwischen 1.200 bit/s und 1,92 Mbit/s angeboten. Der Unterschied zwischen SFVs und DDVs liegt primär darin, daß für DDVs Übertragungsersatzwege geschaltet sind, wodurch sich die Verfügbarkeit, aber auch der Preis erhöhen. Ein Auszug aus der Preisliste der Telekom für DDVs im für die Internetanbindung interessanten Bandbreitenbereich von 64 Kbits/s und 2 Mbit/ befindet sich im Anhang.

---

[65] vgl. Lubitz, 1997, Seite 88
[66] siehe Abschnitt 4.3 Festlegung der Leitungsanbindung

3 Strategische Planung des Interneteinsatzes

Die Einführung eines Internetangebots und die Anbindung des Unternehmens an das Internet setzt eine umfassende Planung voraus, da nicht nur technische Entscheidungen getroffen werden müssen, sondern auch vielfach betriebswirtschaftliche Aspekte berücksichtigt werden müssen[67].

3.1 Planungsphase

Für die Realisierung einer Internetanbindung in einem Unternehmen sollten während der Planungsphase Umfang, Funktionalität und die prinzipielle Architektur festgelegt werden. Eine der ersten zu treffenden Entscheidungen ist die Auswahl eines Projektleiters und -teams. Sofern die Erstellung und Gestaltung der Webseiten extern durchgeführt wird, sind die wesentlichen Aufgaben des Projektteams die Integration in die Unternehmensprozesse sowie die Wartung und Pflege der Anbindung und des Internetangebots. Sind entsprechende Programmierkenntnisse vorhanden, so kann dieses Projektteam auch die Erstellung des Informationsangebotes übernehmen. Die Erstellung erfordert neben den entsprechenden Programmierkenntnissen auch Fähigkeiten der graphischen Gestaltung und es sollte bereits während der Planungsphase geklärt werden, ob diese Anforderungen erfüllt werden können.

Grundsätzliche Überlegungen zu Art und Umfang des Mitarbeiterzugangs und des eigenen Internetangebots sollten ebenso im Vorfeld angestellt werden und in die Planausführung einfließen[68]. Die wichtigste Frage zu Beginn ist jedoch Art und Inhalt für die Präsentation des eigenen Unternehmens im Internet. Das Informationsangebot sollte von Anfang an Informationen zum Unternehmen oder den Produkten anbieten und sich nicht monatelang als "Im Aufbau" präsentieren.

Das Erscheinungsbild und die Qualität des unternehmenseigenen Angebots stellt ein Spiegelbild des Unternehmens dar und prägt als solches Eindruck und Einschätzung der Besucher. Eine strukturierte Planung ist eine der wichtigsten Voraussetzungen für ein ansprechendes und informatives Angebot im Internet[69].

---

[67] vgl. Alpar, 1996, Seite 119 f
[68] siehe Kyas, 1997, Seite 371
[69] vgl. Alpar, 1996, Seite 149f

Die in Abbildung 6 dargestellte Planausführung kann in die folgenden Phasen unterteilt werden, wobei die Reihenfolge durchaus variiert werden kann. Die einzelnen Phasen werden in Kapitel 4 näher erläutert.

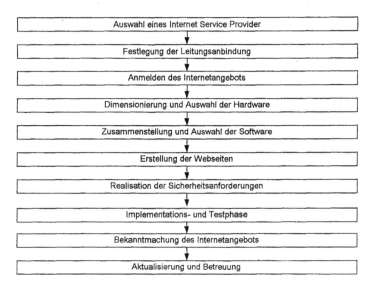

Abb. 6: Strategische Planung des Interneteinsatzes (in Anlehnung an Kyas, 1997)

3.2 Organisationsformen des Internetzugang

Die Organisationsformen des Internetzugang können je nach Unternehmensgröße und dem beabsichtigten Engagement völlig unterschiedlich organisiert werden. Es stehen verschiedene zwei Modelle zur Auswahl, die nach Bedarf auch kombiniert werden können und jede für sich Vor- und Nachteile besitzen.

3.2.1 Outsourcing des Informationsmanagement

Bei Outsourcing des Informationsmanagement wird der Aufbau, die Administration und die Pflege aller notwendigen Hard- und Softwarekomponenten[70] vom ISP übernommen.

---

[70] siehe Abschnitt 4.6 Zusammenstellung und Auswahl der Hardware

Alle Schlüsselkomponenten wie

- Informationsserver des Unternehmens (WWW-Server / FTP-Server etc.)
- DNS-Server
- Mail-Server
- Firewallsystem

befinden sich dabei ausgelagert beim ISP und werden von diesem konfiguriert, gewartet und betrieben (Server Hosting).

Die Anbindung des Unternehmens an das Internet kann hierbei über Einzelplatzsysteme mit verschiedenen Wahlleitungen (analog/digital) oder über das lokale Netzwerk und Router erfolgen. Die erste Möglichkeit stellt insbesondere für kleinere Unternehmen eine kostengünstige und einfache Minimallösung dar, die bei steigender Nutzung erweitert werden kann. In den nachfolgenden Abschnitten sollen aber nur Lösungen zur Anbindung von unternehmensinternen Netzwerken über Router oder Gateways betrachtet werden.

Der Vorteil des Outsourcing liegt in der leichten Skalierbarkeit der Zugangsarchitektur, der Vermeidung von zusätzlichem Personalbedarf sowie in einer, bis zu einer gewissen Größe des Internetdienstes, insgesamt günstigeren Kostenstruktur[71]. Die Nachteile liegen in der vollständigen Abhängigkeit vom ISP sowie in der geringeren Flexibilität etwaige Modifikationen oder Änderungen durchzuführen.

3.2.2 Aufbau eines unternehmenseigenen Internetknotens

Eine dem Outsourcing entgegengesetzte Strategie besteht im Aufbau eines vollwertigen, autarken Internetknotens, wobei vom Informationsserver bis zum Firewallsystem alles vor Ort unternehmensintern aufgebaut und betrieben wird. Der Internetprovider wird lediglich zur Bereitstellung der gewünschten Bandbreite zum Internet-Backbone benötigt.

Diese Zugangsarchitektur ist mit einem erheblichen Kosten- und Zeitaufwand verbunden und in den meisten kleinen und mittelständigen Unternehmen nicht von Vorteil, da das entsprechende Know-how, die Investitionen in Hard- und Software sowie die anfallenden Leitungskosten in keinem Verhältnis zu den entstandenen Vorteilen stehen.

---

[71] vgl. Wronski, Seite 116 ff

4 Planausführung und Aufbau des Internetangebots

4.1 Auswahl des Internet-Provider

Bei der Auswahl des geeigneten Provider muß unter anderem entschieden werden, über welche Art von Provider die Anbindung respektive die Internet-Präsenz realisiert werden soll. Es kann unterschieden werden zwischen[72]:

- Internet Access Provider (IAP)
- Internet Service Provider (ISP)
- Internet Presence Provider (IPP)
- Internet Content Provider (ICP)
- Kommerzielle Onlinedienste (KOD)

4.1.1 Regionale und überregionale Provider

Beim Internet Access Provider handelt es sich um einen reinen Zugangsanbieter, der dem Endkunden lediglich Zugang zum Internet verschafft, während der Internet Service Provider darüber hinaus weitere Dienstleistungen, wie zum Beispiel Konfiguration, Wartung und Betrieb des WWW-Servers, anbietet. Da die meisten Internet-Provider fast alle zusätzliche Dienstleistungen anbieten, spricht man in der Regel von einem Provider als Internet Service Provider (ISP).

Internet Presence Provider sind Anbieter, die für Privatpersonen und Unternehmen den Aufbau und Betrieb von Informationsdiensten wie WWW-Angeboten realisieren, während Internet Content Provider eigenverantwortlich Inhalte im Internet präsentieren (zum Beispiel auf eigenen Webseiten oder in Onlinediensten).

ISP und IPP sind meistens die regionalen Anschlußpunkten (Point of Presence, PoPs) des jeweiligen Providers, die gleichzeitig auch den Einwahlknoten (Node) betreiben. Die wesentliche Aufgabe eines PoPs besteht darin, die Kunden über Modems, ISDN-Adapter und Router an das eigene Netzwerk zu führen. Die PoPs sind an das Netz des Providers über Standleitungen angeschlossen, die üblicherweise eine Bandbreite von 64 Kbit/s bis 2 Mbit/s aufweisen. Die Provider wiederum realisieren den Übergang zur Backbone-Struktur des Internet. Als Backbone werden die Hauptverkehrsleitungen des Internets bezeichnet, welche die einzelnen Teilnetze des Internets miteinander verbinden. Dazu greifen die Provider auf Leitungen der Anbieter von Kommunikationsdiensten (carrier) zurück, die eine hohe Bandbreite (34 Mbit/s – 154 Mbit/s) aufweisen. Diese Anbindung wird durch Verbindungen der Provider untereinander oder über providerunabhängige Datenaustauschpunkte realisiert.

---

[72] vgl. Lux, 1997, Seite 8ff

In Deutschland existieren derzeit drei Austauschpunkte: Der wichtigste ist das DE-CIX (Deutscher Commercial Internet Exchange, CIX) in Frankfurt, wo mittlerweile die Leitungen der meisten Provider zusammenlaufen. Einen weiteren Austauschpunkt namens INXS betreibt die Firma ECRC in München und in Darmstadt findet der Übergang ins deutsche Wissenschaftsnetz DFN statt. In Frankfurt befindet sich auch ein Knoten der amerikanischen Übergabepunkte MAE East (Washington) und MAE West (Silicon Valley), über den von Deutschland aus die Verbindungen in die USA hergestellt werden[73]. Eine Übersicht über die Austauschpunkte und die Verbindungen der Provider untereinander befindet sich im Anhang.

4.1.2 Kommerzielle Onlinedienste

Kommerzielle Onlinedienste stellen eine Sonderform der Internet-Provider dar. Ein zentraler Betreiber ist für Betrieb, Informationsangebot und Weiterentwicklung des Systems verantwortlich. Neben dem Internetzugang und Speicherplatz für Webseiten, bieten diese proprietären Dienste zusätzliche Inhalte an, die jedoch nur für Abonnenten zugänglich sind. Zum Angebot gehören sowohl eigene Angebote als auch die anderer Anbieter (ICP)[74].

Die fünf wichtigsten Onlinedienste in Deutschland sind[75]:

- CompuServe (CIS)
- America Online (AOL)
- T-Online
- Microsoft Network (MSN)
- Germany.net

4.2 Kriterien zur Auswahl des Internet-Providers

Bei der Auswahl eines geeigneten Providers können folgende Kriterien herangezogen werden:

- **Lokale Einwahlknoten**
- **Benutzerrestriktionen**
- **Vertragsgestaltung und Kosten**
- **Netzkapazitäten und technische Ausstattung**

Das Vorhandensein eines **lokalen Einwahlknoten** ist ein wichtiges Kriterium für die Auswahl eines Internet Service Provider. Wenn der Provider oder jeweilige PoP nicht über die Ortszone

---

[73] vgl. Wilde, 1996, Seite 142
[74] vgl. Lux, 1997, Seite 32
[75] Eine Übersicht über Angebote und Struktur dieser Onlinedienste befindet sich im Anhang.

erreichbar sind, führt dies zu einem rapiden Anstieg der Anschlußkosten. Insbesondere bei der Anbindung über eine Standleitung spielt die Entfernung zum PoP eine maßgebliche Rolle[76]. Für Unternehmen mit mehreren Standorten, die an das Internet angebunden werden sollen, ist idealerweise ein Provider zu wählen, der überregional tätig ist und möglichst alle Standorte bedienen kann.

Manche Provider bieten nur ein eingeschränktes Angebot in bezug auf Nutzungszeit, Nutzungsdauer, angebotene Internetdienste oder Benutzerinhalte an. Diese **Benutzerrestriktionen** gelten vielfach nur für Privatpersonen, die dafür einen kostengünstigen Zugang erhalten, aber auch die Zugänge von Unternehmen können bestimmten Restriktionen unterliegen. Vor der Auswahl des Providers sollte das Vorhandensein solcher Einschränkungen geprüft werden.

Die **Vertragsgestaltung und Kosten** bei den einzelnen Providern sind aufgrund der unterschiedlichen Gestaltung nur schwer miteinander zu vergleichen. Die Preisgestaltung der Anbieter ist abhängig von den unterschiedlichsten Kostenkomponenten und Differenzierungskriterien:

Benutzer:	Privat- oder Geschäftskunde
Anschluß:	analog, digital (ISDN) oder Standleitung
Einrichtungsgebühr:	einmalig
Grundgebühr:	monatlich
Nutzungsdauer:	Gebühr pro Stunde / Minute
Volumengebühren	Gebühr pro MByte
Speichervolumen:	Gebühr pro MByte
Bandbreite:	garantiert oder effektiv genutzt
Server bei Provider:	Monatliche Aufstellungsgebühr
Domain-Gebühren:	monatlich
Gebühr IP-Adresse(n):	monatlich je Einheit
Gebühr E-Mail-Adresse(n):	monatlich je Einheit

Aus den oben genannten Kostenkomponenten entwickeln die Provider Vertragsmodelle, die grundsätzlich in

- **Zeitverträge**
- **Volumenverträge**
- **Flat-Rates**

unterschieden werden können.

---

[76] siehe Abschnitt 2.5.6 Internetzugänge

Bei **Zeitverträgen** dient neben der zur Verfügung gestellten Bandbreite die Zeitdauer, während der Daten gesendet oder empfangen werden, als Grundlage für die Errechnung der Gebühren. Reine Zeitverträge sind sinnvoll, wenn umfangreiche Datenübertragungen (zum Beispiel über FTP) durchgeführt werden und dafür eine relativ große Bandbreite zur Verfügung steht.

Volumenverträge basieren auf der Menge der übertragenen Daten (Traffic) im Abrechnungszeitraum. Diese können entweder pro MByte oder in vorab gebuchten Kontingenten abgerechnet werden. Da die meisten Dienste im Internet, insbesondere das WWW, nur ein geringes Datenaufkommen verursachen, stellt diese Vertragsart in fast allen Fällen die bessere Alternative dar. Da die Nutzung des Zugangs während der ersten Monate in der Regel überdurchschnittlich hoch ist, erlauben diese Verträge innerhalb eines bestimmten Zeitraums (üblicherweise 3 Monate) eine neuerliche Einschätzung des Bandbreitenbedarfs[77].

Im Privatkundenbereich werden meist **Flat-Rates** angeboten. Ein monatlicher Festpreis berechtigt zum unbegrenzten Zugang in das Internet, allerdings ohne Qualitäts- oder Verfügbarkeitsgarantie. Die effektiven Übertragungsraten können während der Spitzenzeiten jedoch sehr gering sein.

Soll der Betrieb der öffentlichen Informationsdienste wie WWW-Server oder FTP-Server zum Provider ausgelagert werden, so sollten auch dafür mehrere Angebote evaluiert werden, da Preis- und Qualitätsunterschiede in diesem Bereich ebenfalls starken Schwankungen unterliegen. Im wesentlichen sind die Kosten für den Betrieb eines Informationsdienstes direkt proportional zu der zur Verfügung gestellten Übertragungsbandbreite. Viele Provider verknüpfen dies mit einer Beschränkung an Festplattenplatz und der Anzahl der Zugriffe auf das Unternehmensangebot. Eine Alternative hierzu kann die Wahl eines IPP in den USA sein, da dort die Marktpreise für Internetdienste wesentlich geringer sind[78].

Neben einem entsprechenden Preis-Leistungsverhältnis, sind insbesondere **die Netzkapazitäten und die technische Gestaltung** des Providers von Interesse. Die meisten Provider machen Angaben zu Architektur ihres Providernetzes, ihren Anbindungen sowie Referenzkunden. Durch diese Informationen sollte der Kunde in der Lage sein, erste Eindrücke von der Leistungsfähigkeit des Providers und seines Netzes zu gewinnen.

Entscheidende Kriterien stellen dabei die Netzwerkzuverlässigkeit und der Netzwerkdurchsatz des Providernetzes dar. Netzwerkzuverlässigkeit bedeutet, daß das Netz des ISP (fast) durchgehend störungsfrei arbeiten sollte. Der Provider sollte in der Lage sein, diese Störungsfreiheit vertraglich zu garantieren. Für den Benutzer ist auch ein hoher Datendurchsatz von Wichtigkeit. Dieser hängt zunächst von der eigenen Anbindung zum ISP ab, aber auch von der Anbindung des PoP an die Providerzentrale, die mindestens 2 Mbit/s betragen sollte[79].

---

[77] vgl. Kyas, 1997, Seite 375
[78] siehe http://www.thelist.com – Liste nordamerikanischer IPP
[79] vgl. Hüskes und Ehrmann, in : c't 3/1997, Seite 135

Mitentscheidend für die Gesamtleistungsfähigkeit des Providernetzes ist darüber hinaus die Anbindung an das europäische beziehungsweise das nordamerikanische Bachbone-Netz. Leistungsfähige ISP verfügen über mindestens zwei unabhängige Backbone-Anbindungen; eine transatlan-
tische Anbindung an den nordamerikanischen Backboneverbund (MAE West oder MAE East)
und eine Anbindung an das europäische Backbone-Netz (DE-CIX oder ECRC).

Sofern Angaben über die technische Ausstattung des Providers verfügbar sind, sollte darauf ge-
achtet werden, daß zuverlässige Hardwarekomponenten (Computersysteme, Router), Sicherheitssysteme, Netzwerkmanagementsysteme und Backup-Komponenten vorhanden sind.

4.3 Festlegung der Leitungsanbindung

Im Unterschied zum privaten Nutzer, der sich in der Regel lediglich zwischen den Optionen digi-
taler (ISDN) oder analoger Telefonanschluß zu entscheiden hat, ist die Auswahl der geeigneten
Datenleitung, mit der die Verbindung zum ISP realisiert werden soll, für ein Unternehmen deutlich schwieriger zu treffen. Hier stellt sich die Frage, ob die Anbindung zum Provider durch
Wählverbindung oder Standleitung erfolgen soll[80]. Soll eine eigene Internet-Infrastruktur aufgebaut werden, kommt somit als Anbindung zum jeweiligen Internet-Provider nur eine Festverbin-
dung in Betracht. Die dadurch erzielte ständige Betriebsbereitschaft der Internetverbindung ist die
Voraussetzung für den selbständigen Betrieb eines eigenen Internetknotens mit Informationsser-
vern, sowie einem unternehmenseigenen Mail- und DNS-Server.

Unternehmen mit zunächst nur geringem Nutzungspotential für das Internet können alternativ
auch alle Funktionen, die eine permanente Internetanbindung erfordern, ausgelagert vom ISP
betreiben lassen. Als Datenleitung zum PoP des ISP können dann auch Wählleitungen (bevorzugt
ISDN mit geringen Verbindungsaufbauzeiten) benutzt werden.

Diese Anbindung via Wähleitung (analog oder digital) sind die praktikabelsten Lösung für private
Anwender sowie kommerzielle Anwender mit niedriger bis mittlerer Nutzung. Eine Standleitung
ist sicherlich die komfortabelste Lösung, aber auch die teuerste Zugangsmöglichkeit. Standleitungen sind nur dann sinnvoll, wenn eine Verbindung während mindestens 90 Prozent der Geschäfts-
zeit aufrechterhalten werden muß. Daher ist sie nur für kommerzielle Anwender mit sehr hoher
Nutzung der Anbindung geeignet. Durch die private Konkurrenz der neuen Telekommunikati-
onsanbieter wie CNI, VEBA, VIAG Intercom etc. sind die Preise für Datenleitungen in den letzten Jahren zwar deutlich gesunken, der Markt wird jedoch zunehmend unübersichtlicher[81].

---

[80] siehe Abschnitt 2.5.6 Internetzugänge
[81] vgl. Wronski, in : c't 6/1997, Seite 118

4.4 Anmelden des Internetangebots

Das Anmelden einer Domain im Internet ist nur dann erforderlich, wenn das Internetangebot eines Unternehmens unter einem bestimmten Name (zum Beispiel Name des Unternehmens, Namens-kürzel oder Namen von Produkten) nach dem Schema *www.akademie-aim.de* weltweit abrufbar sein soll. Wenn ein Unternehmen im Internet nur Informationen erfragen oder ihr Informationsan-gebot auf gemietetem Serverplatz anbieten will, braucht sie keine eigene Domain. Allerdings ver-bergen sich hinter einer solchen Lösung unter Umständen erhebliche Nachteile: Die Namengebung von gemietetem Serverplatz, der von einem Provider gemietet ist, wirkt unpro-fessionell und die Adressen sind meistens sehr umständlich konzipiert (zum Beispiel www.provider.de/home/firmenname/ oder ourworld.compuserve.com/homepages/firmenname. Solche Adressen sind auch abhängig von der Adresse des Providers, so daß man sie nicht behal-ten kann, wenn man diesen wechselt oder dieser seine interne Adreß- oder Namensstruktur ändert (zum Beispiel bei Reorganisation des Servers aufgrund von Kapazitätsproblemen). Außerdem muß man sich die vorhandene Bandbreite und Rechnerhardware mit anderen virtuellen Servern[82] teilen[83].

Unternehmen, die sich wirkungsvoll im Internet präsentieren wollen, sollten daher auf eine eigene Domain zurückgreifen. Dazu kann man entweder ein Komplettangebot inklusive Festplattenplatz wählen[84] oder den Domain-Namen der IP-Adresse des eigenen Server (entweder beim ISP oder In-House) zuweisen. Die meisten Provider übernehmen in der Regel auch die Anmeldung einer Domain, wobei die Gebühren der einzelnen Provider erheblich voneinander abweichen können[85]. Hinter den vom DE-NIC verwalteten Namen verbergen sich eindeutige IP-Adressen, die vom RIPE[86] vergeben werden. Jeder ISP verfügt über einen Pool von IP-Adressen, die er an seine Kunden beziehungsweise seine lokalen PoP weitergeben kann. Für die mengengestaffelte Regi-strierung der entsprechenden Domain-Namen bei DE-NIC fallen Gebühren an. Ein ISP, der für mehrere Kunden Domain-Namen einkauft, wird diesen Rabatt in der Regel an seine Kunden wei-tergeben[87].

Wer eine Domain unter der Toplevel-Domain .de direkt registrieren, reservieren oder eine Reser-vierung verlängern wollte, mußte sich bisher an das deutsche Network Information Center (DE-NIC) in Karlsruhe oder an ein Mitglied des Interessenverbundes DENIC (IV-DENIC)[88], einem Zusammenschluß von überregionalen Providern, wenden. Privatpersonen, Unternehmen und ISP,

---

[82] siehe Abschnitt 2.5.4 Adressierungssystem
[83] vgl. Hüskes und Ehrmann, in : c't 3/1997, Seite 134
[84] zum Beispiel Schlund und Partner (Monatliche Gebühr 69,- DM inklusive Domain-Gebühr)
[85] vgl. Hüskes und Ehrmann, in : c't 3/1997, Seite 136
[86] siehe Abschnitt 2.4.3 Adreßverwaltung
[87] vgl. Wronski, in : c't 6/1997, Seite 116 ff
[88] http://www.nic.de/iv-denic.html

die nicht Mitglied im IV-DENIC waren, konnten keine Domain-Namen direkt beantragen[89]. Beginnend mit dem 22.07.1996 jedoch hat die Intranet GmbH[90] die Organisation des DE-NIC Inkassos übernommen. Damit ist es auch Nicht-IV-DENIC Mitgliedern möglich, Domains unter der Toplevel-Domain .de direkt zur Konnektierung zu beantragen[91].

Die Leistungen des DE-NIC werden nach Punkten abgerechnet. In Abbildung 7 sind die erforderlichen Punkte für die einzelnen Leistungen aufgeführt und Abbildung 8 zeigt die gestaffelten Abrechnungspreise pro Punkt. Eine vollwertige Domain erhält man erst über die Name-Server-Registrierung inklusive Mailexchange-Eintrag[92]. Der Mailexchange-Eintrag benennt den für die beantragte .de-Domain zuständigen Mailserver.

Dienstleistung (Preis pro Abrechnungsjahr)	Punkte
Registrierung eines Mailexchange-Eintrags (MX)[1]	40 Punkte
Registrierung eines Name-Server-Eintrags (NS)[1]	60 Punkte
Verlängerung eines Mailexchange-Eintrags (MX)	20 Punkte
Verlängerung eines Name-Server-Eintrags (NS)	20 Punkte

[1] einschließlich Pflege für ein Jahr

Abb. 7: Erforderliche Punkte zur Domain-Registrierung bei DE-NIC

Punkte	Netto je Punkt (DM)	Inkl. MwSt (DM)
1-199	10,00	11,50
Ab 200	9,00	10,35
Ab 400	8,25	9,49
Ab 800	7,50	8,63

Abb. 8: Gestaffelte Preisliste des DE-NIC Inkassos (Stand 4/1997)

Eine Reservierung von Domains beziehungsweise die Verlängerung von Reservierung ist laut einem Beschluß des IV-DENIC seit dem 01.02.1997 ebenfalls nicht mehr möglich. Bisherige Reservierungen bleiben bis maximal zum Ablauf ihrer eingetragenen Frist bestehen und können ebenfalls nicht verlängert werden. Die Möglichkeit eines Eintrags auf die Warteliste bei bereits reservierten Domains entfällt in diesem Zusammenhang ebenfalls[93]. Auch wenn ein Unternehmen ein eigenes Internetangebot erst für die Zukunft plant, sollte sie eine Domain rechtzeitig anmelden. Nicht wenige Unternehmen, die bemüht waren, ihre Marke oder Firma im Internet als Domain-Name registrieren zu lassen, mußten daher die Erfahrung machen, daß die eigene Marke,

---

[89] vgl. Strömer, in : c't 7 / 1996, Seite 212
[90] http://www.intra.de
[91] http://www.intra.de/InkassoInfo.html
[92] vgl. Wronski, in : c't 6/1997, Seite 116 ff
[93] http://www.nic.de/beschluss.html

die Firma oder ein sonstiges Kennzeichen bereits von einem anderen Unternehmen oder einer Privatperson im Internet benutzt wird[94].

In der Rechtsprechung[95] sind jedoch bereits zahlreiche Urteile[96] ergangen, in denen Domain-Inhaber zugunsten der Namensinhaberin untersagt wurde, eine Domain im Internet für sich oder Dritte zu reservieren und/oder zu benutzen[97].

Außerdem besteht die Gefahr, daß der wünschte Name schon von Domain-Händlern (sogenannten „Domain-Grabbern")[98] reserviert wurde, um sie anschließend gewinnbringend wieder zu verkaufen[99]. Diese Praxis wurde mittlerweile in der Rechtsprechung als sittenwidrig und damit wettbewerbswidrig gemäß UWG eingestuft[100]. Lediglich allgemeine Begriffe dürfen als Domains oder in Domains verwendet werden. Die Unterlassung ihrer Verwendung kann weder durch Anwendung des Markenrechts unter dem Gesichtspunkt der Freihaltebedürftigkeit noch nach wettbewerbsrechtlichen Regelungen verlangt werden[101].

4.5 Dimensionierung und Auswahl der Software

Auf dem Markt stehen unzählige Applikationen zur Auswahl, mit denen alle Funktionen für eine Internetanbindung auf nahezu jeder Plattform realisiert werden können.

Zum Aufbau und Betrieb einer Internetanbindung werden benötigt:

• Client-Software
• Server-Software

4.5.1 Client-Software

Ein Internet Browser ist eine Client-Software, die dem Benutzer ein universelles Interface zum Internet zur Verfügung stellt. Mit Hilfe einer solchen Anwendung kann der Benutzer Webseiten aufrufen und im Internet navigieren. Für alle gängigen Plattformen und Betriebssysteme sind inzwischen Internet-Browser verfügbar, die größtenteils kostenlos angeboten werden[102]. Leistungsfähige Browser beherrschen sowohl die Darstellung der im Internet verfügbaren Dienste, als auch die wichtigsten Erweiterungen (zum Beispiel Java und VRML). Sofern diese Funk-

---

[94] vgl. Strömer, in : c't 7 / 1996 und http://www.nic.de/rechte/bettinger.html
[95] vgl. http://www.nic.de/rechte/rechtsindex.html
[96] vgl. http://www.inet.de/denic/urteil.html
[97] siehe LG Mannheim, Urteil vom 8. März 1996, AZ 7-O-60/96 - **heidelberg.de**
[98] zum Beispiel http://www.domain-markt.de
[99] vgl. Strömer, in : c't 7/1996, Seite 212 und Der Spiegel, 19/1997, Seite 118
[100] siehe LG München I, Urteil vom 9. Januar 1997, AZ 4HK O 14792/96 - **dsf.de**
[101] siehe OLG Frankfurt a. M., Urteil vom 13.2.97, AZ 6 W 5/97 - **wirtschaft-online.de**
[102] http://www.w3.org/pub/WWW/Clients.html

tionen nicht im Standardlieferumfang enthalten sind, so existieren diese in der Regel als Hilfsanwendungen (Plug-Ins).

Als Marktführer behauptet sich dabei der Browser von Netscape mit einem Marktanteil von über 70%[103]. Der Microsoft Internet Explorer hat sich jedoch innerhalb kürzester Zeit einen beachtlichen Marktanteil gesichert. Durch die Verwendung von proprietären HTML-Tags und der teilweisen kostenlosen Vergabe ihrer Software, versuchen sich die beiden Unternehmen auf diesem Markt zu behaupten[104]. Dabei richtet sich ihr Augenmerk vor allem auf den Vertrieb der Server-Software, der erheblich von der Verbreitung des jeweiligen Browsers abhängt.

4.5.2 Server-Software

Die Betriebssystemumgebung ist eine der grundlegenden Entscheidungen bei der Auswahl der Server-Software. Da das Internet unter UNIX entwickelt wurde, und dieses Betriebssystem aufgrund seiner ausgereiften Multitaskingfähigkeiten die besten Voraussetzungen für den Betrieb im Internet darstellt[105], dominieren Server unter UNIX sowie seine verschiedenen Ableger[106]. UNIX-Systeme sind um den Faktor 5 bis 10 leistungsfähiger als Windows PCs. Allerdings sind diese Systeme wesentlich teurer als Server auf PC-Basis, die unter Windows oder Linux betrieben werden. Insbesondere Windows NT stellt für kleine und mittelständige Unternehmen eine praktikable Lösung dar, weil die entsprechende Server-Software bereits integriert ist. Andere Plattformen wie Macintosh und OS/2 spielen in diesem Bereich eher eine untergeordnete Rolle.

Ein großer Teil der Server-Software ist als Freeware oder Shareware frei verfügbar[107]. Allerdings setzen solche Lösungen entsprechende Kenntnisse voraus, da Support für solche Software in der Regel nicht verfügbar ist. Für den Privatanwender und kleine Unternehmen sind diese Produkte sicher von Interesse.

4.6 Zusammenstellung und Auswahl der Hardware

Unter der Voraussetzung, daß alle relevanten Funktionen zum ISP ausgelagert sind[108], ist für die Anbindung lediglich ein Routersystem erforderlich, das in minimaler Ausführung aus einem PC mit entsprechender Routersoftware, einer Netzwerkkarte sowie einer oder mehreren ISDN-Karten bestehen kann. Darüber hinaus ist auch eine Anbindung über dedizierte Router (zum Beispiel von

---

[103] vgl. Yahoo! Browser Log
[104] vgl. Hüskes, in : c't 6/1997, Seite 176ff
[105] vgl. Kunze, 1995, Seite 166
[106] vgl. Kori, 1996, Seite 366 ff
[107] vgl. http://www.webcompare.com und c't 3/1997, Seite 166 ff
[108] siehe Abschnitt 3.2 Organisationsformen des Internetzugangs

Cisco oder Ascend) denkbar, die in der Regel wesentlich zuverlässiger arbeiten als PC-Routersysteme[109]. Für einen selbständigen Internetknoten sind zusätzliche Hard- und Softwarekomponenten erforderlich. Neben den bereits oben erwähnten Routern sind weiterhin die folgenden Funktionen zu realisieren:

- Primary und Secondary DNS-Server
- E-Mail-Server
- Firewall

Sofern Informationsdienste wie WWW oder FTP angeboten werden sollen, dann müssen die dafür notwendigen Komponenten ebenfalls betrieben werden.

4.7 Erstellen der Webseiten

Auch bei der Erstellung des Internetangebots stellt sich die Frage des Outsourcing. Diese Entscheidung ist sicherlich von Fall zu Fall zu treffen und hängt erheblich von den im Unternehmen verfügbaren Ressourcen ab[110]. Dabei ist zu berücksichtigen, daß es sich bei der Erstellung der Webseiten nicht nur um einen rein technischen Vorgang der Umsetzung von Informationen in die Syntax des WWW handelt. Es ist vielmehr ein komplexer, kreativer Vorgang mit dem Ziel, ein attraktives Angebot zu schaffen[111].

In diesem Internetangebot sollte von Anfang an die nötige Substanz in bezug auf enthaltene Informationen und Inhalte vorhanden sein[112]. Dazu Können Unternehmensprospekte, wissenschaftliche Aufsätze sowie produkt- und unternehmensspezifische Kontaktadressen verwendet werden[113]. Aber auch interaktive Inhalte wie Bestell- und Suchfunktionen und die Integration in das übrige Internet über entsprechende Verweise auf relevante Webseiten können das Angebot komplettieren.

---

[109] vgl. Kyas, 1997, Seite 384
[110] vgl. Nefzger und Münz, 1996, Seite 16 f
[111] vgl. Kyas, 1997, Seite 292
[112] vgl. Nefzger und Münz, 1995, Seite 15
[113] siehe www.akademie-aim.de

In Abbildung 9 ist die strukturierte Erstellung von Webseiten dargestellt.

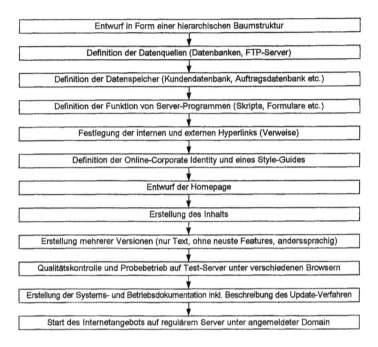

Abb.9: Strukturierte Erstellung von Webseiten (in Anlehnung an Kyas, 1997)

Bei der Erstellung der Seiten können die verschiedenen Entwicklungswerkzeuge verwendet werden, die schon mit wenig Einarbeitungszeit ansprechende Ergebnisse erzielen. Hier bietet sich insbesondere kleinen und mittelständigen Unternehmen die Möglichkeit, mit Kreativität und geringen finanziellen Mittel eine Präsenz zu schaffen, die der von Großunternehmen mit verhältnismäßig hohen Budgets in nichts nachsteht.

Neben der Beschreibungssprache HTML als Basis von WWW-Seiten, existieren weitere Programmiersprachen, die zur Erstellung von benutzerfreundlichen und ansprechenden Webseiten verwendet werden können[114]:

- Java
- JavaScript
- ActiveX
- Virtual Reality Modelling Language

a) HyperText Markup Language

Die HyperText Markup Language (HTML) ist eine Dokumentbeschreibungssprache mit spezieller Ausrichtung auf Hypertext-Funktionen. HTML legt die logischen Strukturen eines Textes (Überschriften, Absätze etc.) mit Hilfe sogenannter Markup-Tags fest. Die Umsetzung der Dokumentstruktur in ein Layout findet erst auf der Client-Seite durch Browsers statt. Daher hat der Autor von Webseiten nur eingeschränkt Einfluß auf die Erscheinungsform, da diese von den Fähigkeiten und Einstellungen des jeweiligen Internet Browsers abhängig ist. HTML-Dokumente bestehen aus reinem ASCII-Text und bleiben dadurch plattformunabhänig[115].

Die Weiterentwicklung von HTML wird vom World Wide Web Consortium (W3C) geleitet. Diese Organisation erarbeitet neue HTML-Tags gemäß des Standardisierungsprozesses der IETF. Die aktuelle Empfehlung des W3C zu HTML ist Version 3.2[116], die jedoch kompatibel zu allen früheren Versionen ist. Außer den Empfehlungen des W3C arbeiten sowohl Netscape Communications als auch Microsoft an eigenmächtigen HTML-Erweiterungen, die nicht von Browsern des anderen Unternehmens unterstützt werden.

b) Java

Java ist eine von Sun Microsystems[117] entwickelte, plattformunabhängige 32-Bit-Programmiersprache mit spezieller Ausrichtung auf den Einsatz im World Wide Web. Die Sprache lehnt sich in Aufbau und Syntax an C/C++ an[118]. Java ist dazu geeignet, um Animationen, Simulationen, Echtzeitanwendungen, sowie interaktive Anwendungen wie Kalkulationsanwendungen aber auch Spiele zu realisieren[119]. Java-Programme werden als Applets bezeichnet und werden von einem Server geladen und anschließend auf dem lokalen System ausgeführt[120]. Da die gesamte Programmausführung auf dem lokalen System stattfindet und lediglich der Programmcode über das Internet transportiert werden muß, laufen sie wesentlich schneller ab als zum Beispiel bei CGI-Programmen, die zentral auf dem Webserver ablaufen[121].

c) JavaScript

JavaScript[122] ist eine von Netscape entwickelte Programmiersprache, die eine entfernte Ähnlichkeit mit Java hat und deren Befehle direkt in den HTML-Syntax einfügt werden[123]. JavaScript

---

[114] vgl. Kunze, in : c't 9 / 1995, Seite 166ff
[115] vgl. Nefzger und Münz, 1996, Seite 29ff
[116] vgl. http://www.w3.org/pub/WWW/TR/
[117] http://www.sun.com
[118] vgl Back, in : c't 2/1996, Seite 138ff
[119] zum Beispiel http://java.sun.com
[120] vgl. Middendorf, 1996, Seite 5f
[121] vgl. Nefzger und Münz, 1996, Seite 37f
[122] http://home.netscape.com/comprod/products/navigator/version_2.0/script
[123] vgl. Lemay, 1997, Seite 619f

wurde insbesondere für die Erstellung von HTML-Seiten entworfen, um das Verhalten von Objekten, die entweder auf der Client oder der Serverseite ausgeführt werden, dynamisch zu beschreiben, beziehungsweise die Objekte und Ressourcen sowohl mit Clients als auch auf Servern miteinander zu verbinden[124].

d) ActiveX

ActiveX[125] ist die zu Java konkurrierende Spezifikation von Microsoft[126] für ein WWW-Programm-Interface. Die ActiveX-Technologie, die im Moment nur vom Internet Explorer unterstützt wird, ermöglicht vielfältige Aktions- und Interaktionsfähigkeiten innerhalb der Webseiten[127]. Diese Spezifikation beruht auf sogenannten Active-X-Controls, die in Webseiten eingefügt werden und die die problemlose Erzeugung von dynamischen HTML-Seiten ermöglicht[128].

e) Virtual Reality Modelling Language

Die Virtual Reality Modelling Language (VRML)[129] ist eine Beschreibungssprache für das Internet, welche die Darstellung von dreidimensionalen Objekten ermöglicht. VRML 3D-Grafiken werden aus simplen Grundgrafiken aufgebaut und können mit neueren Browsern oder entsprechenden Plug-Ins dargestellt werden[130].

4.7.1 Entwicklungswerkzeuge

Die Entwicklungswerkzeuge lassen sich grundsätzlich in vier Gruppen einteilen:

- **HTML-Konverter**
- **Standardanwendungen und Browser mit HTML-Erweiterungen (Add-Ins)**
- **dedizierte HTML-Editoren**
- **Entwicklungssysteme inklusive Server- und Dokumentenverwaltung**

HTML-Konverter sind Filter, welche die Dokumente nach HTML konvertieren. Diese gibt es bereits für jeden Dateityp und sind häufig als Freeware erhältlich[131]. Jedoch sind die Ergebnisse nicht zufriedenstellend und es muß nachgebessert werden.

---

[124] vgl. Pressemitteilung von Sun/Netscape unter
http://home.netscape.com/newsref/pr/newsrelease67.html
[125] http://www.microsoft.com/activeplatform/default.asp und http://www.microsoft.com/sitebuilder/
[126] vgl. Schmitt, in : c't 7 / 1996, Seite 258f
[127] vgl. Lemay, 1997, Seite 931f
[128] http://www.microsoft.com/sitebuilder/columnists/starts0523.asp
[129] http://sdsc.edu/SDSC/Partner/vrml/doc.html
[130] vgl. Loviscach, in : c't 5 / 11997, Seite 236ff
[131] http://www.yahoo.com/Computers/World_Wide_Web und http://www.w3.org/pub/WWW/Tools

Komfortabler als Filter sind **Add-Ins** für die entsprechenden Standardanwendungen. Solche Tools haben den Vorteil, daß ihr Anwender mit der gewohnten Umgebung Webseiten erstellen kann. Vollwertige HTML-Werkzeuge sind sie jedoch nicht, da sie nur einen Teil der gängigen HTML-Tags beherrschen.

Im Gegensatz dazu stehen **HTML-Editoren**, die nicht die Umwandlung bereits bestehender Dokumente in den Vordergrund stellen, sondern vielmehr die vielseitigen Gestaltungsmöglichkeiten von HTML effizient umsetzen. Dies bezieht sich unter anderem auf die unterstützen Dialekte von HTML.

Professionelle Entwicklungssysteme sollten neben den offiziellen Standards HTML 3.0 und HTML 3.2 auch die proprietären Eigenschaften der marktführenden Browser von Netscape und Microsoft in ihren aktuellen Versionen unterstützen. Für komplexe Websites mit oftmals mehreren hundert Seiten, eignen sich nur solche **Entwicklungssysteme**, die über ein entsprechendes Projektmanagement, das zusammengehörige Dokumente gemeinsam verwaltet, verfügen. Die Erstellung von Skripten (zum Beispiel CGI) läßt sich ebenfalls nur mit modernen Entwicklungswerkzeugen für den professionellen Bereich realisieren[132].

4.8 Realisierung der Sicherheitsanforderungen

Die Anforderungen an die Sicherheit hängen von der geplanten Internetnutzung ab. Grundsätzlich sollte der Sicherheit der Ressourcen und den über das Internet übertragenen Informationen größte Bedeutung gewidmet werden. In Kapitel 5 wird daher näher auf die Sicherheit im Internet eingegangen.

4.9 Implementations- und Testphase

Während dieser Phase erfolgt die Installation der Serversoftware und die Einbringung der erstellten Inhalte. Nach dem Abschluß der Installationen erfolgen umfangreiche Tests sowohl bezüglich externer Zugriffe (Nutzung durch Kunden) als auch der internen Zugriffe (Pflege und Wartung). Insbesondere komplexe interaktive Anwendungen sollten entsprechend gut dokumentiert sein und auf Betriebssicherheit geprüft sein. Wenn diese Testphase erfolgreich abgeschlossen wurde und die abschließenden Dokumentationen erstellt worden sind, kann das Internetangebot online geschaltet werden[133].

---

[132] vgl Bager, Ehrmann und Obermayer, in : c't 7/1996, Seite 190 ff
[133] vgl. Kyas, 1997, Seite 407

4.10 Bekanntmachung des Informationsangebots

Gleichzeitig mit dem Start des Internetangebots sollte das Internetangebot sowohl über traditionelle Kommunikation (zum Beispiel über Anschreiben oder durch Werbeschaltungen in Printmedien) als auch über das Internet bekannt gemacht werden[134].

Über das Internet bieten sich vielfältige Möglichkeiten um auf die eigene Seite aufmerksam zu
machen:

- Eintragung bei Suchmaschinen und Directories[135]
- Mitteilungen in einschlägigen Newsgruppen[136]
- Eintragungshilfen (zum Beispiel Submit-it![137])
- Promotionsdienste (Webpromote[138])
- Werbebanner auf stark frequentierten Webseiten
- Eintragung in Business-Datenbanken

4.11 Aktualisierung und Betreuung

Nach dem Start des Internetangebots ist weiterhin eine ständige Kontrolle und Betreuung notwendig. Es sind Nachrichten von Benutzern zu bearbeiten, Verweise zu überprüfen, Dienste zu pfle-
gen etc. Auch die Ausweitung der inhaltlichen Angebote sollte konsequent betrieben werden, damit Benutzer dazu angeregt werden, in regelmäßigen Abständen auf die Seiten zurück zukeh-
ren[139].

Zur Analyse des Benutzerverhaltens und der Besuchsraten stehen auf den meisten Servern Stati-
stik- und Auswertungstools zur Verfügung. Für Server, die keinen Zugriff auf Serverstatistiken
haben (zum Beispiel Virtuelle Server mit eingeschränktem Funktionsumfang), werden Zähler und
Tracker angeboten, die Auskunft über Zugriffe bieten[140]. Dadurch kann überprüft werden, ob das
Angebot den gewünschten Zuspruch findet oder nicht so angenommen wird, wie es ursprünglich
gewünscht war.

---

[134] vgl. Alpar, 1996, Seite 144
[135] siehe http://www.geocities.com/~msommer/search.htm
[136] zum Beispiel news:de.comm.infosystems.www.pages
[137] http://www.submit-it.com
[138] http://www.webpromote.com
[139] vgl. Kyas, 1997, Seite 409
[140] zum Beispiel Webcounter (http://counter.digits.com) und WebTrends (http://www.webtrends.com)

5 Sicherheit im Internet

Das rasante Wachstums des Internets und die verstärkte kommerzielle Nutzung durch Unternehmen haben die Risiken einer Internetanbindung erheblich verschärft[141]. Ohne geeignete Schutzmechanismen über das Internet Transaktionen abzuwickeln oder sein Unternehmensnetz ohne zusätzliche Sicherheitsmaßnahmen an dieses anbinden, bedeutet sich einem nicht kalkulierbaren Risiko auszusetzen[142].

5.1 Sicherheitsrisiken

Die Sicherheit ist sowohl für die unternehmensinternen Ressourcen als auch bei Transaktionen über das Internet ohne entsprechende Sicherheitsmaßnahmen gefährdet.

a) Sicherheitsrisiken für Ressourcen

Die potentiellen Risiken für das interne Unternehmensnetzwerk durch eine Internetanbindung sind unter anderem das Eindringen von nichtauthorisierten Personen in das interne Netzwerk mit eventueller Datenspionage (Vertraulichkeit), Datenverlust- oder manipulation (Unversehrtheit/Integrität), und Vortäuschung falscher Identität (Authentizität)[143].

b) Sicherheitsrisiken bei Transaktionen

Durch das Internt-Protokoll IP bedingt, das die Daten paketweise über Router zum Empfänger leitet, kann man nicht voraussagen, welchen Weg die Daten nehmen werden. Jedes zwischengeschaltete Netzwerk kann diese Daten bei der Übertragung theoretisch abfangen. Dieses Problem wird erst dann zufriedenstellend gelöst sein, wenn das IPnG implementiert sein wird. Es wird zusätzliche Sicherheitsoptionen bereitstellen, die Informationen zur Überprüfung von Authentizität und Integrität sowie zur Übermittlung von Verschlüsselungsverfahren übermitteln[144].

5.2 Schutzmaßnahmen

5.2.1 Physikalische Trennung

Die physikalische Trennung der Internetanbindungsrechner vom Firmennetz bietet wohl den umfassensten Schutz vor unbefugten Zugriffen auf das eigene System. Allerdings wird dadurch der Benutzerkomfort der Anwender im eigenen Unternehmen erheblich eingeschränkt, da immer zwi-

---

[141] vgl. Computer Emergency Response Team unter ftp://ftp.cert.org
[142] vlg. Kyas, 1997, Seite 411f
[143] vgl. Reif, in : c't 9 / 1995, Seite 174 und Alpar, 1996, Seite 149ff
[144] vgl. Reif, in : c't / 1995, Seite 174

schen zwei Rechnersystemen gewechselt werden muß. Weiterhin ist keine direkte Integration der Daten und Anwendungen in den verschiedenen Systemen möglichst, das heißt Vorgänge über das Internet müssen erst auf das lokale System übertragen werden und können nicht sofort abgeglichen werden[145].

> *"Remember that the best firewall is still a large air cap between the network and any of your computers, and that a pair of wire cutters remains the most effective network protection mechanism."*
>
> **Steve Bellovin**
> (Senior researcher at AT&T Bell Laboraties)

5.2.2   Authentisierung und Sicherheitsprotokolle

Es existieren im WWW zur Zeit drei Verfahren, welche die Sicherheit von Transaktionen garantieren sollen:

- **Basic Authentication**
- **Secure Socket Layer (SSL)**
- **Secure HyperText Transfer Protocol (S-HTTP).**

Das Authentifizierungsverfahren **Basic Authentication** wurde zur Kommunikation im WWW entwickelt und ist über das Protokoll HTTP 1.0[146] in fast allen verfügbaren Browsern und Servern implementiert.

Benutzerkennung und Paßwort werden nur nach dem Komprimierungsverfahren Base64 (vergleichbar mit UUENCODE) gepackt und an den Server gesendet.

Obwohl die Übertragung praktisch unverschlüsselt erfolgt, bietet dieser Mechanismus zumindest einen ausreichenden Schutz vor zufälligen unauthorisierten Zugriffen[147]

Secure Socket Layer (SSL)[148] ist ein von Netscape Communications entwickeltes kryptographisches Protokoll, das durch die Integration in die Netscape Browser- und Serverprodukte eine weite Verbreitung erlangte. SSL erweitert Transportprotokolle um einen sicheren Kanal. Dadurch stehen diese Sicherheitsmerkmale neben HTTP auch anderen Protokollen, wie FTP oder Telnet, zur Verfügung[149]. Webseiten, die SSL verwenden, sind durch den URL-Protokoll-Typ "https"

---

[145] vgl. Alpar, 1996, Seite 162
[146] vgl. RFC 1945
[147] vgl. Reif, in : c't 9/1995, Seite 176f
[148] http://home.netscape.com/assist/security/ssl/sslref.html
[149] vgl. Kossel, in : c't 10/1996, Seite 333

identifizierbar. SSL bietet einen sehr einfachen und effizienten Mechanismus zur Befriedigung der Sicherheitsbelange vieler Anwendungsprotokolle[150].

Das **Secure HyperText Transfer Protokoll** (Secure-HTTP oder S-HTTP)[151] wurde von Terisa Systems, einem Joint-Venture von RSA Date Security[152] und Enterprise Integration Technologies (EIT)[153], entwickelt[154]. Es nimmt nicht nur am Transferprotokoll Erweiterungen vor, sondern definiert auch neue HTML-Elemente. Eine S-HTTP-Nachricht besteht aus einer gekapselten HTTP-Nachricht und einigen vorangestellten Kopfzeilen, die das Format der gekapselten Daten beschreiben. S-HTTP definiert einen neuen URL Protokoll-Typ "shttp", der auf die Fähigkeiten des Servers bezüglich S-HTTP hinweist. Ebenso wie SSL stellt S-HTTP eine sichere Implementation dar, die auch höheren Sicherheitsanforderungen gerecht werden sollte[155].

5.2.3 Datenverschlüsselung

Es existieren im Internet verschiedene Sicherheitslösungen, welche die Sicherheit bei der Kommunikation sicherstellen sollen. Die meisten dieser Lösungen basieren auf kryptographischen Verfahren, die in

- **symmetrische Verschlüsselungsverfahren** und
- **asymmetrische Verschlüsselungsverfahren**

unterschieden werden können[156].

Bei **symmetrischer Verschlüsselung** (Private-Key-Encryption) wird ein einziger Schlüssel benutzt, der sowohl dem Sender als auch dem Empfänger bekannt sein muß. Der Nachteil dieser Systeme liegt darin, daß beide Partner im Besitz desselben Schlüssel sein müssen und dieser somit auf einem sicher Weg übertragen werden muß[157]. Das bekannteste symmetrische Verfahren ist DES (Data Encryption Standard) von IBM[158].

Dieser Nachteil wird beim **asymmetrischen Verfahren** (Public-Key-Encryption) dadurch kompensiert, daß mit einem öffentlichen (Public Key) und einem geheimen (Secret Key) gearbeitet wird.

---

[150] vgl. Reif, in : c't 9/1995, Seite 180f
[151] http://www.terisa.com/shttp/index.html
[152] http://www.rsa.com
[153] http://www.eit.com
[154] vgl. Kossel, in : c't 10/1996, Seite 333f
[155] cgl. Reif, in : c't 9/1995, Seite 178f
[156] vgl. Kyas, 1997, Seite 443f
[157] vgl. Fox, in : c't 9/1995, Seite 184f
[158] vgl. Kyas, 1997, Seite 444f

Bei diesem Verfahren werden Nachrichten mit dem öffentlichen Schlüssel des Empfängers codiert und können nur von diesem unter Verwendung seines geheimen Schlüssel wieder dechiffriert werden.

Jeder Sender von Nachrichten muß also im Besitz des öffentlichen Schlüssel des Empfängers sein, der beliebig über unsichere Kanäle verschickt werden kann[159].

Public-Key-Verfahren können weiterhin zur Authentifizierung von Nachrichten mit Hilfe von digitalen Signaturen verwendet werden. Dabei wird die Nachricht mit dem geheimen Schlüssel des Absenders chiffriert und kann nur durch den komplementären öffentlichen Schlüssel wieder entziffert werden.

Beide Verfahren können auch kombiniert werden, indem eine Nachricht erst mit dem öffentlichen Schlüssel des Empfängers und anschließend mit dem geheimen Schlüssel des Senders verschlüsselt wird, so kann sowohl die Vertraulichkeit als auch die Authentizität der Nachricht gewährleistet werden[160].

Das bekannteste Public-Key-Verfahren ist der RSA Algorithmus, das 1978 von seinen Erfindern Rivest, Shamir und Adleman von MIT veröffentlicht wurde[161].

5.2.4 Pretty Good Privacy

Pretty Good Privacy (PGP)[162] ist eine vom Amerikaner Phil Zimmermann entwickelte Verschlüsselungssoftware nach dem Public-Key-Verfahren, welche die Verschlüsselung von Daten und E-Mail unter Verwendung verschiedener Kryptografieverfahren realisiert[163]. Durch seine relativ einfache Handhabung, das hohe Sicherheitsniveau und den größtenteils kostenlosen Vertrieb gelangte PGP zu einer weiten Verbreitung. Allerdings unterliegt PGP amerikanischen Exportbeschränkung, die den Export von Kryptosystemen mit mehr als 40Bit-Verschlüsselungen unter Strafe stellt. PGP kann jedoch Verschlüsselungen mit bis zu 2048 Bits durchführen. Es sind dadurch grundsätzlich zwei Implementationen verfügbar: eine US-amerikanische und eine internationale Version. Die internationale Version[164] wird, basierend auf dem RSA Algorithmus, erst im Ausland erstellt. Dadurch unterliegt diese Version nicht den Exportgesetzen, weil der Programmcode nicht exportiert wurde[165].

---

[159] vgl. Kyas, 1997, Seite 446f
[160] vgl, Alpar, 1996, Seite 153f
[161] Rivest, R., Shamir, A. und Adleman, L. : A Method for obtaining Digital Signatures and Public Key Cryptosystems, Communications of the ACM, Bd 21, Nr. 2 / 1978, Seite 120 – 126.
[162] http://www.pgp.com
[163] vgl. Fox, c't 9 / 1995, Seite 186f,
[164] Internationale PGP Homepage unter http://www.ifi.uio.no/pgp/
[165] vgl. Kyas, 1997, Seite 449ff

Die öffentlichen Schlüssel anderer Benutzer können entweder per E-Mail, Veröffentlichung auf Webseiten oder über sogenannte Public-Key-Server[166] bezogen werden. Um die Authentizität des öffentlichen Schlüssels zu gewährleisten, besteht die Möglichkeit diese Schlüssel mit Signaturen von Benutzer zu versehen, welche die Echtheit des Schlüssel bestätigen. Dabei kann man auch auf öffentliche Zertifizierungsstellen zurückgegriffen[167]. Diese signieren einen Schlüssel erst dann, wenn die Herkunft ausreichend geklärt. Weiterhin läßt sich von jedem Schlüssel ein sogenannter Fingerprint[168] erstellen, der zum Beispiel über das Telefon verifiziert werden kann[169].

5.2.5 Firewalls

Als Schutz vor unbefugten Zugriffen in LANs, die über Anschluß an öffentliche Netze (zum Beispiel Internet, aber auch ISDN) verfügen, werden sogenannte Firewalls eingesetzt. Es besteht in der Regel aus mehreren Hard- und Softwarekomponenten und stellt den einzigen Durchgang zum internen Netzwerk dar. Damit läßt sich der Datenverkehr von und nach außen weitaus besser kontrollieren, als wenn zahlreiche Rechner direkt aus öffentlichen Netzen erreichbar sind. Die Kanalisierung erhöht zudem die Chance, einen erfolglosen Einbruchversuch anhand von Protokollen zu erkennen[170].

Die Sicherheitsstrategie kann gemäß den Ansätzen "Es ist alles erlaubt, was nicht explizit verboten ist" oder "Es ist alles verboten, was nicht erlaubt ist" "freizügig" oder "restriktiv" konzipiert sein[171]. Letztere Strategie schützt zwar einerseits besser vor externen Angriffen, andererseits kann der Zugriff auf öffentliche Netze teilweise eingeschränkt sein. Eine freizügigere Strategie ist zwar benutzerfreundlicher, jedoch ist der Aufwand für die Überwachung wesentlich höher und es kann nicht restlos ausgeschlossen werden, daß Sicherheitslücken vorhanden sind[172].

Es existieren drei unterschiedliche Konzepte für Firewalls, die einzeln oder in Kombination eingesetzt werden können[173]:

- **Paketfilter (Screening Router)**
- **Circuit-Level-Gateways**
- **Application-Level-Gateways**

---

[166] http://www.de.pgp.net/pgp
[167] vgl. http://www.heise.de/ct/pgpCA
[168] siehe http://www.geocities.com/~msommer/pgp.htm
[169] vgl. Fox, in : c't 9 / 1995, Seite 184ff
[170] vgl. Kyas, 1997, Seite 434f
[171] vgl. Reif, in : c't 9 / 1995, Seite 182
[172] vgl. Luckhardt, in : c't 4 / 1997, Seite 308
[173] vgl. Kyas, 1997, Seite 435

Paketfilter überprüfen die Quell- und Zieladresse (IP-Adresse und Port) einer Übertragung und entscheiden für jedes einzelnes Paket im einzelnen, ob es passieren darf. Ein Paketfilter wird vielfach als Vorfilter für Circuit- oder Application Level Gateways genutzt.

Circiut-Level-Gateways sind mit Paketfiltern vergleichbar und bringen eine deutliche Erhöhung der Netzwerksicherheit mit sich. Sie setzen auf einer anderen Protokollebene auf und lassen keine durchgehende Verbindung zu. Alle eingehenden Verbindungen enden hier und werden am Ausgang wieder ausgebaut.

Application-Level-Gateways sind die sicherste, wenn auch aufwendigste Lösung. Sie analysieren Anfragen aus dem LAN und Antworten aus dem Internet. Je nach Zuverlässigkeit reichen sie die Daten weiter oder lehnen die Verbindung ab. Dazu wird für jede Anwendung ein eigenes Gateway-Programm (Proxy) installiert, daß die Anwender nutzen müssen, wenn sie von einem bestimmten Dienst Gebrauch machen wollen. Der Proxy führt dann alle Aktionen im LAN stellvertretend für den Client aus. Das bringt auch den Nebeneffekt mit sich, daß man den Proxy gleichzeitig als Cache benutzen kann. Der Proxy speichert alle WWW-Seiten zwischen, so daß er bei einem erneuten Zugriff – unabhängig vom jeweiligen Anwender – keine Verbindung nach außen aufbauen muß[174].

Die oben genannten Komponenten werden in den verschieden Firewallsystemen zu unterschiedlichen Topologien kombiniert[175]. Firwallkozepte schützen jedoch nicht vor dem Fehlverhalten oder vorsätzlicher Sabotage eines autorisierten Anwenders. Außerdem können Firewalls durch eine zusätzliche Verbindung, zum Beispiel über ein Dial-In-Modem, umgangen werden. Dieser Fall tritt zum Beispiel dann auf, wenn ein Mitarbeiter ohne böswillige Absichten installiert hat, um von außerhalb auf seine Datenbestände zugreifen zu können.[176].

---

[174] vgl. Reif, in : c't 9 /1995, Seite 182
[175] vgl. Kyas, 1997, Seite 438ff
[176] vgl. Luckhardt, in : c't 4 / 1997, Seite 308

6 Schlußbetrachtung

Das Internet wird in zunehmenden Maß auch für kleine und mittelständige Unternehmen ein entscheidender Wettbewerbsfaktor werden. Die jeweilige Gestaltung und die individuelle Integration kann dabei sicher völlig unterschiedlich ausfallen und hängt auch sehr stark von den individuellen Gegebenheiten beziehungsweise den Geschäftsfelder ab, in denen man aktiv ist. Neue Internet-Technologien, wie zum Beispiel das Intranet, werden dazu verwendet werden, die Kommunikation sowohl firmenintern also auch –extern effizienter und kostengünstiger zu gestalten. Darüber hinaus bietet sich das Internet auch als Werbemedium, Vertriebsweg oder als Instrument zum Kundenservice und zur Verkaufsförderung an. Letzteres ist insbesondere beim Erstkontakt von Bedeutung, da durch das Internet mit dem Kunden erheblich wirkungsvoller und intensiver kommuniziert werden kann und es häufig die einzige Kontaktmöglichkeit überhaupt darstellt. Der Umbruch durch die Entstehung neuer Vertriebskanäle können wir heute wahrscheinlich noch überhaupt nicht richtig evaluieren.

Für die Internetanbindung sowie eine Präsenz im WWW bestehen zahlreiche Gestaltungsmöglichkeiten. Angefangen von einfachen und kostengünstigen Lösungen bis zum eigenen Internetknoten stehen auch mittelständigen Unternehmen alle Optionen offen. Unter der Voraussetzung einer sorgfältigen Planung ist eine entsprechende Skalierbarkeit zu allen Zeitpunkten gewährleistet. Leider häufen sich die Beispiele, bei denen Unternehmen zuerst eine minimale Präsenz schaffen und dann durch nachträgliche Überlegungen und Änderungen ihr Internetangebot verbessern wollen. Selbst bei einem zuerst geringen Engagement sollte ein solcher "trial and error"-Ansatz vermieden werden, denn eine schlechte Präsentation und Angebote ohne erkennbaren Inhalt werden vom "Kunden" registriert und können stark imageschädigend wirken.

Im Bereich der Internet-Dienstleistungen führt eine unüberschaubare Anzahl von Anbieter mit mangelnden Vergleichsmöglichkeiten der Leistungen zu einem Verlust der Markttransparenz. Dieser Verlust der Marktübersicht resultiert hauptsächlich aus der Vielzahl der angebotenen Tarife und Angebotsalternativen. Daher sollten der Auswahl der Providers und anderen kommerziellen Dienstanbieter größte Aufmerksamkeit geschenkt werden.

Auch die nicht unerheblichen Sicherheitsrisiken müssen bedacht werden, wenn das unternehmenseigene Netzwerk an das Internet angeschlossen wird. Dazu bedarf es eines entsprechenden Bewußtsein über die Risiken und dessen Umsetzung in eine konsequente Sicherheitsstragie. Letzteres sollte nicht nur bei Installation der Sicherheitssysteme erfolgen, sondern sich ständig in entsprechenden Maßnahmen manifestieren.

Die Leitungskosten werden sich voraussichtlich in Deutschland durch den Wegfall des Monopols der Deutschen Telekom Anfang 1998 erheblich reduzieren. Dadurch dürften auch die Preise der Provider nach unten korrigiert werden und Unternehmen Standleitungen kostengünstiger betreiben können. Auch die Relativ hohen Telefonkosten in Deutschland dürften dadurch eine Korrektur erfahren. Ähnlich wie in den USA werden dann sicher spezielle Preismodelle für Internetnutzer und kostenlose Ortsgespräche angeboten, welche die Kosten für die Anbindung zum Internet weiter reduzieren könnten.

Außerdem sind Provider heute aufgrund des Wachstums des Internet von über 100% noch in der Lage relativ hohe Preise zu verlangen. Insbesondere mittelständige Unternehmen ohne das entsprechende Know-how bilden die Grundlage für diese Abschöpfungsstrategie, da sie oftmals bereit sind, die Dienstleistung der Provider zu den jetzigen Preisen zu akzeptieren. Auf der Seite von den Provider kommt es heute noch bei Standardleistungen (wie Zuteilung von Internetadressen) zu Preisunterschieden von bis zu 200%. Zunehmende Auseinandersetzung mit dem Internet und das Verlangen nach attraktiven Anbindungen zu einem akzeptablen Preis werden die Preisvorgaben der Provider schon bald grundlegend verändern. Natürlich ist der billigste Anbieter nicht immer der Beste, aber trotzdem müssen auch Provider mit einem qualitativ hochwertigen Zugang auf eine solche breite Nachfrage reagieren. Sobald sich die Zuwachsraten stabilisiert haben und die Konkurrenz größer wird, dürften die Preise an diese Entwicklung angepaßt werden.

Die rasante Entwicklung auf diesem Markt wird sicher viele der heutigen Einschätzungen und Prognosen als falsch belegen. Das heutige Internet kann als Vorläufer eines weltumspannenden Kommunikationsnetzwerks für eine breite Masse von Menschen angesehen werden. Wir werden sicher noch viele Wegkreuzungen passieren, an denen grundlegende Entscheidungen über die weitere Entwicklung dieses Netzwerk getroffen werden. Die Bedeutung des Internet als neues oder unterstützendes Geschäftsfeld wird für viele Unternehmen in den nächsten Jahren zunehmen. Das ist der wohl wichtigste Grund, warum man schon jetzt im Internet präsent sein muß. Noch nicht zur völligen Befriedung gelöste Probleme wie Sicherheitsrisiken, unbefriedigende Angebotsstrukturen und hohe Leitungskosten sollten höchsten zu einer vorläufigen Begrenzung des Engagements führen. Durch die Entwicklung neuer Technologien und Strukturen auf dem Markt wird das Internet zunehmend Eingang in Unternehmen und private Haushalte nehmen und zum unverzichtbaren Kommunikationsmedium werden.

Abstract

"Technical Prerequisites, Strategic Planning, Implementation and Security Aspects of an Internet Presence in Small and Medium Businesses

A large number of companies is already connected to the Internet and presents itself to a growing on-line community. The Internet has influenced the business processes in a lot of these companies in a major way because it provides access to virtually unlimited information resources and enhances communications internally and externally. More companies are soon to follow in order to use the Internet and to take advantage of its various applications.

A presence on the Internet is no longer limited to large corporations but available to almost all businesses. With creativity and only small investments even small business are able to build a website which is not very different from those of global companies in terms of quality and information resources. The Internet can be used to display a company and its products but also for advertising, customer service or as new distribution channel.

This thesis describes the process of planning and implementing an Internet presence while focusing on small and medium businesses. The requirements of his specific target group tend to be different to those of larger companies. Generally, their main aim is beeing connected to the "highway" in order to access information resources and to have a website where information about the company and the products can be retrieved. However, companies without prior experience in this particuliar field might encounter unforeseen problem when going trough this process. Thus, special attention is paid to Internet technology and security aspects. The latter is an increasingly important issue. Over the years numerous security risks of the Internet and its underlying protocols have evolved. The security of one's resources and transactions over the Intenet might be endangered without proper precautions. Reasons are the growing numbers of "netizens" and the basic architecture of the Internet which was not designed for what it is used today.

Since a lot of technical aspects are involved in this topic this thesis first describes the basic technology behind the Internet. A basic knowledge of the technology makes it easier to go through the decision-making process. This process can be very complex because of these technical aspects in connection with economical considerations. Thus, strategic planning of such a project is very important. During this step the extent, content and general concepts are determined. This preliminary process follows the execution of the plan where the connection to the Internet and the development of the website are realized. All necessary aspects involved in this topic and possible problems during such a project are mentioned. This thesis is based upon a project at the Academy for International Business with the goal to connect their LAN to the Internet and to implement an Internet Presence with an own domain name.

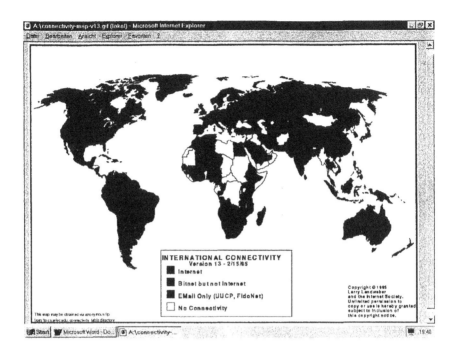

Abbildung 10

Internet Weltkarte von Landweber
Quelle: ftp://ftp.cs.wisc.edu.connectivity_table directory

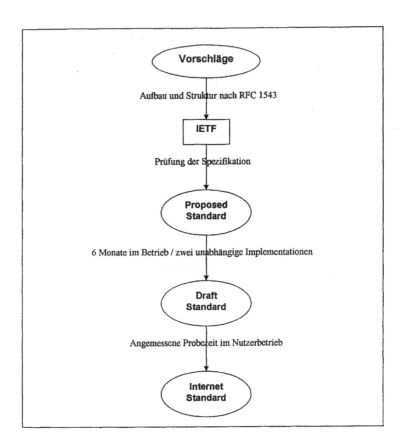

Abbildung 11

Dreistufiger Standardisierungsprozess für einen Internet-Standard
Quelle: Internet Engineering Task Force (IETF) – http://www.ietf.org

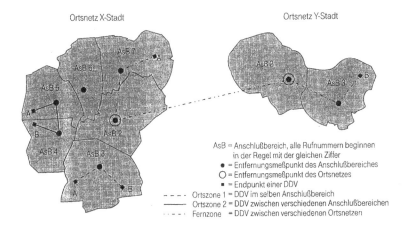

Ortsnetz X-Stadt   Ortsnetz Y-Stadt

AsB = Anschlußbereich, alle Rufnummern beginnen
in der Regel mit der gleichen Ziffer
● = Entfernungsmeßpunkt des Anschlußbereiches
○ = Entfernungsmeßpunkt des Ortsnetzes
■ = Endpunkt einer DDV
- - - - Ortszone 1 = DDV im selben Anschlußbereich
——— Ortszone 2 = DDV zwischen verschiedenen Anschlußbereichen
· · - - · Fernzone = DDV zwischen verschiedenen Ortsnetzen

Abbildung 12

Schematische Darstellung der Entfernungberechnung bei Datendirektverbindungen
Quelle: Deutsche Telekom AG, Preisliste Nr. 641 110 701, November 1996

Bereitsstellungspreis in DM je Ende	1 200 bit/s bis 19,2 Kbit/s	64 Kbit/s	1,92 Mbit/s
DDV, je Ende	750	2000	4000
Bis 7. DDV	650	1900	3700
Je weiterer DDV, je Ende	650	1500	3000

Abbildung 13

Einmalige Bereitstellungspreise von Datendirektverbindungen
Quelle: Deutsche Telekom AG, Preisliste Nr. 641 110 701, November 1996

Abbildung 14 (siehe Seite 49)

Preise für Datendirektverbindungen in den verschieden Ausführungen
Quelle: Deutsche Telekom AG, Preisliste Nr. 641 110 701, November 1996

1 200 bis 4 800 bit/s, 9 600 bit/s und 19,2 kbit/s.

Entfernungszone bzw. Verbindungslänge	Tarifkomponenten	Monatlicher Preis in DM		
		1 200, 2 400 und 4 800 bit/s	9 600 bit/s	19,2 kbit/s
Ortsverbindung Ortszone 1	pauschal	250,00	250,00	250,00
Ortszone 2	pauschal	330,00	330,00	400,00
Fernverbindung bis 15 km	Sockelbetrag und je km	384,00 15,50	473,00 16,10	473,00 16,60
über 15 km bis 50 km	für den Teil bis 15 km und für den Teil von mehr als 15 km bis 50 km, je km	616,50 8,50	714,50 8,90	722,00 10,00
über 50 km bis 150 km	für den Teil bis 50 km und für den Teil von mehr als 50 km bis 150 km, je km	914,00 3,60	1 026,00 2,45	1 072,00 2,00
über 150 km	für den Teil bis 150 km und für den Teil von mehr als 150 km, je km	1 274,00 1,50	1 271,00 1,50	1 272,00 1,50

64 kbit/s ohne Ersatzweg in der Fernebene.

Entfernungszone bzw. Verbindungslänge	Tarifkomponenten	Monatlicher Preis in DM 64 kbit/s
Ortsverbindung Ortszone 1	pauschal	312,00
Ortszone 2	siehe Fernverbindungen	
Fernverbindung bis 15 km	Sockelbetrag und je km	473,00 28,50
über 15 km bis 50 km	für den Teil bis 15 km und für den Teil von mehr als 15 km bis 50 km, je km	900,50 12,20
über 50 km bis 150 km	für den Teil bis 50 km und für den Teil von mehr als 50 km bis 150 km, je km	1 327,50 2,40
über 150 km	für den Teil bis 150 km und für den Teil von mehr als 150 km, je km	1 567,50 1,80

64 kbit/s und 1,92 Mbit/s mit Ersatzweg in der Fernebene.

Entfernungszone bzw. Verbindungslänge	Tarifkomponenten	Monatlicher Preis in DM	
		64 kbit/s	1,92 Mbit/s
Ortsverbindung Ortszone 1	pauschal	312,00	2 250,00
Ortszone 2 bis 15 km	Sockelbetrag und je km	473,00 28,50	2 410,00 178,80
über 15 km bis 50 km	für den Teil bis 15 km und für den Teil von mehr als 15 km, je km	900,50 12,20	5 092,00 80,50
über 50 km	für den Teil bis 50 km und für den Teil von mehr als 50 km, je km	– 27,00	7 909,50 27,00
	Höchstbetrag	1 010,00	–
Fernverbindung bis 15 km	Sockelbetrag und je km	520,00 40,00	3 250,00 280,00
über 15 km bis 50 km	für den Teil bis 15 km und für den Teil von mehr als 15 km bis 50 km, je km	1 120,00 18,00	7 450,00 129,00
über 50 km bis 150 km	für den Teil bis 50 km und für den Teil von mehr als 50 km bis 150 km, je km	1 750,00 3,50	11 965,00 41,00
über 150 km	für den Teil bis 150 km und für den Teil von mehr als 150 km, je km	2 100,00 2,20	16 065,00 25,00

Übersicht Online-Dienste

	America Online	CompuServe	Microsoft Network	T-Online
Infos	germany.web.aol.com	www.compuserve.de	www.de.msn.com	www.dtag.de/dtag
Zugänge (PoPs)	75	12 (Ausbau geplant)[1]	38	Flächendeckend
PoP Mannheim	AOL	CompuServe	Microsoft Network	T-Online
Bit/s analog	33 600	28 800	28 000	14 400 (28 800)
Bit/s ISDN	64 000 (Testbetrieb)	38 400 (57 600)	64 000	64 000
PoP-Anbindung	k.A.	k.A.	mindestens 2 Mbit/s	k.A.
Backbone-Betreiber	Media Ways	Telekom	Eunet, Telekom	Telekom
Zugangssoftware	AOL-Software	WinCim	in Windows 95 enthalten	T-Online Decoder
kostenfreie Homepage	10 Mbyte	10 Mbyte	ab 3/97	1 Mbyte
Anschlußgebühr	-	-	-	50 DM[2]
Freistunden vorab	10	5	-	5
Preismodell 1		Standard-Preis-Plan		
analoger Zugang	9,90 DM / Monat	9,95 US$ / Monat	12 DM / Monat	8 DM / Monat
darin enthalten	2 Stunden	5 Stunden	2 Stunden	-
darüber hinaus	6 DM / Stunde	2,95 US$	6 DM / Stunde	4,20 DM -6,60 DM / Stunde
ISDN	9,90 DM / Monat	9,95 US$ / Monat	12 DM / Monat	8 DM / Monat
darin enthalten	2 Stunden	5 Stunden	2 Stunden	-
darüber hinaus	6 DM / Stunde	2,95 US$	6 DM / Stunde	4,20 DM -6,60 DM / Stunde
Preismodell 2		Super-Value-Plan		
analoger Zugang		15 US$ / Monat	49 DM / Monat	
darin enthalten		20 Stunden	unbegrenzt	
darüber hinaus		1,95 US$	-	
ISDN		15 US$ / Monat	49 DM / Monat	
darin enthalten		20 Stunden	unbegrenzt	
darüber hinaus		1,95 US$	-	

[1] ab Dezember 1996 flächendeckend über Datex-J - Zusätzliche Gebühr 1 US$ pro Stunde
[2] Bei Anmeldung über Vertragspartner der Telekom entfällt Anschlußgebühr

Abbildung 16   Gebührenübersicht ausgewählter Provider

Übersicht Provider

Infos	Contrib.Net	DPN	EUnet	Nacamar
	www.contrib.net	www.dpn.de	www.germany.eu.net	www.nacamar.de
Zugänge (PoPs)	30	54	35 (geplant 50)	90
PoP Mannheim		3C Internet Services	MVV	Microtec
Bit/s analog	28 800	28 000 bis 33 600	28 000	28 800
Bit/s ISDN	64 000	64 000	64 000	64 000
PoP-Anbindung	128 KBit/s	k.A.	überwiegend 2 MBit/s	128 KBit/s - 2MBit/s
Backbone-Betreiber	k.A.	k.A.	Telekom / Energieversorger	u.a. Telekom
Zugangssoftware	auf Anfrage	je nach PoP	MS Internet Explorer	auf CD-ROM
kostenfreie Homepage	je nach PoP	-	geplant	-
Anschlußgebühr	-	-	35	30
Freistunden vorab	30	14 Tage Testzugang	-	-
Preismodell 1	16:00 bis 9:00 Uhr	16:00 bis 9:00 Uhr		Emailer
analoger Zugang	35 DM / Monat	57,50 DM / Monat	35 DM / Monat	15 DM / Monat
darin enthalten	unbegrenzt	unbegrenzt	5 Stunden	500 KB Email/News frei
darüber hinaus	-	-	2,40 DM - 9 DM / Stunde	5 DM / MByte
ISDN	57,50 DM / Monat	115 DM / Monat	35 DM / Monat	15 DM / Monat
darin enthalten	unbegrenzt	unbegrenzt	5 Stunden	500 KB Email/News frei
darüber hinaus	-	-	2,40 DM - 9 DM / Stunde	5 DM / MByte
Preismodell 2	Ganztageszugang	Ganztageszugang		Netsurfer
analoger Zugang	862,50 DM / Monat	287,50 DM / Monat	49 DM / Monat	49 DM / Monat
darin enthalten	unbegrenzt	unbegrenzt	10 Stunden	unbegrenzt
darüber hinaus	-	-	3,60 DM - 11,40 DM / Stunde	-
ISDN	862,50 DM / Monat	862,50 DM / Monat	49 DM / Monat	49 DM / Monat
darin enthalten	unbegrenzt	unbegrenzt	10 Stunden	unbegrenzt
darüber hinaus	-	-	3,60 DM - 11,40 DM / Stunde	-

Dies ist nur eine Auswahl der wichtigsten Provider in Deutschland dar und soll keine Empfehlung für die jeweiligen Firmen sein. Eine umfassende Übersicht über die ISP und IPP in Deutschland ist erhältlich unter http://www.dpunkt.de/produkte/lux/isp.html beziehungsweise http://www.dpunkt.de/produkte/lux/ipp.html

Abbildung 17   Gebührenübersicht ausgewählter Provider

52

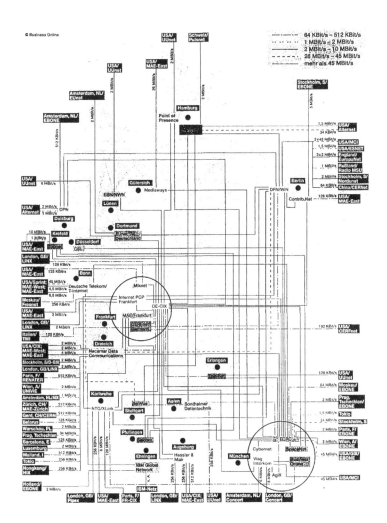

Abbildung 17

Verbindungen zwischen den Providern im Januar 1997
Quelle: Lux, 1997

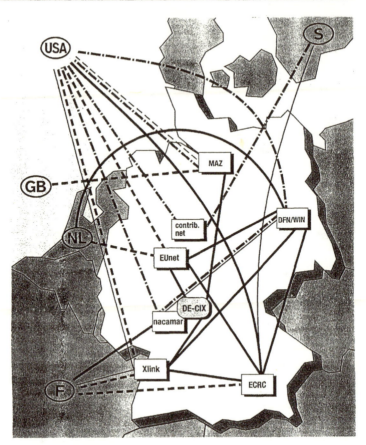

Verbindung der Provider untereinander und ins Ausland

128 Kbps — — —	1 Mbps — — —	1,5 Mbps geplant — — —	
256 Kbps —·—·—	1,5 Mbps —·—·—	2 Mbps geplant ———	
512 Kbps ———	2 Mbps ———		

Abbildung 18

Verbindungen zwischen den Providern im Sommer 1995
Quelle: Lux, 1995

Abbildung 19 (siehe Seite 54)

Kommerzielle Internet-Struktur in Deutschland im September 1996
Quelle: Lux, 1997

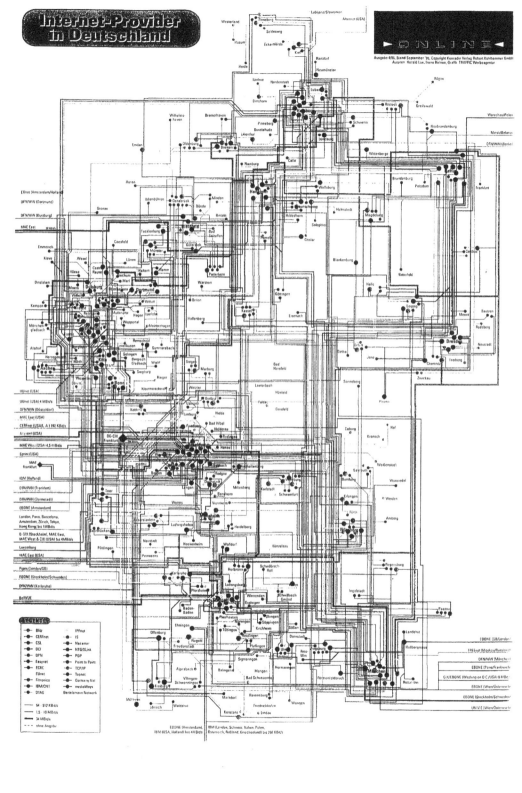

Glossar

Access Provider	→Provider, der lediglich Internetzugänge bereitstellt.
Account	Zugangsberechtigung (Benutzername und Paßwort) für einen Computer oder ein Online-Angebot.
ActiveX	Microsofts Antwort auf →Java; ActiveX Controls sind Programmteile, die der →Browser vom →Server lädt und automatisch ausführt.
Adresslisten	→Suchhilfen im Internet, die auf Computer- und Personenadressen spezialisiert sind. Hierbei handelt es sich meistens um sogenannte Spider oder Robots, die selbständig das Internet nach Adressen durchsuchen.
Anonymous	Anonymer Zugriff auf einen →Server (zum Beispiel FTP oder News) ohne speziellen →Account.
AOL	*America Online* – kommerzieller →Onlinedienst und Provider (in Deutschland in Verbindung mit Bertelsmann).
Applet	In Java geschriebenes Programm, daß der →Client automatisch vom →Server lädt und automatisch ausführt.
Archie	→Suchdienst im Internet, mit dem die Verzeichnisse von öffentlichen →FTP-Archiven durchsucht werden können.
ARPANET	*Advanced Research Projects Agency Network* - weltweit erstes Datennetz, basierend auf paketorientierter Datenübertragung.
Backbone	Hauptübertragungswege des Internet.
Bandbreite	Maximaler Datendurchsatz einer Verbindungsleitung. Angabe normalerweise in bits per second (→bps).
Basisanschluß	→ISDN-Anschluß mit zwei B-Kanälen und und einem D-Kanal. Der B-Kanal ist der Basiskanal mit 64 →Kbits/s Kanalkapazität, der als Amtsleitung dient, während von D-Kanal mit einer Kapazität von →16 Kbit/s zur Signalisierung zwischen ISDN-Vermittlung und Endgerät dient.
BITNET	*Because it's Time Network* - 1981 von der City University New York und der Yale University gegründetes Datennetz auf der Grundlage des von IBM entwickelten NJE-Protokolls (Network Job Entry).
bps	Bits per Second - maximales Datenvolumen, das innerhalb einer Sekunde über eine Leitung übertragen werden kann. Üblich sind auch Kbps (Kilobit pro Sekunde) für 1000 bps und Mbps (Megabit pro Sekunde) für 1 000 000 bps.
Browser	Programm zum Aufrufen von Dokumenten im →HTML-Format (zum Beispiel Netscape Navigator, Microsoft Internet Explorer, Mosaic etc.).
CA	*Certificate Authority* - Zertifizierungsstelle, die Schlüssel zur Übermittlung vertraulicher Daten, zum Schutz vor Manipulationen und zur Identitätsprüfung des Urhebers vergibt.
Cache	Lokales Verzeichnis, in dem der →Browser die heruntergeladenen Daten zwischenspeichert, um sich ggf. ein erneutes Laden vom Server zu sparen.
CERN	*Conseil European pour la Recherche Nucleaire* - Europäisches Labor für Teilchenphysik. Die eigentlichen Erfinder des →WWW, der CERN-Server wird heute noch häufig eingesetzt.
CGI	*Common Gateway Interface* - Programmschnittstelle zwischen bei einem →Server eingehenden Benutzerdaten und angeschlossen Programmen (Datenbanken etc.).
CIDR	*Classless Inter Domain Routing* – Methode um bei →IPv4 und →IPv6 auf Netzwerkklassen zu verzichten und IP-Adressen effektiver zu nutzen.
CIX	*Commercial Internet Exchange* - Nationaler Zusammenschluß der Netzwerke der größten amerikanischen Internet-Betreiber zum einem kommerziell orientierten →Backbone.
Client	Allgemeiner Begriff für ein Programm, daß sich eines →Servers zunutze macht.
CompuServe	Kommerzieller →Onlinedienst und →Provider.

Content Provider	Unternehmen, das Inhalte (zum Beispiel Newsdienste oder allgemeine Informationen im Online-Bereich anbietet).
Contrib.net	Großer deutscher →Provider.
DE-CIX	*Deutscher Commercial Internet Exchange* (CIX) - Austauschpunkt verschiedener deutscher →Provider zu den verschiedenen →Backbones.
DE-NIC	*Deutsches Network Information Center* mit Sitz in Karlsruhe; unter anderem für die →Domains mit der Endung .de verantwortlich.
DHCP	*Dynamic Host Configuration Protocol* – Protokoll, welches einem →Client im →TCP/IP-Netz dynamisch eine →IP-Adresse zuweist.
Diskussionsgruppen	Umfassende Bezeichnung für Dienste im Internet, welche die zeitversetzte Kommunikation zu verschiedenen Themenbereiche im Internet ermöglichen. Darunter zählen →E-Mail-Verteilerlisten, →Listserver und →Usenet Newsgruppen.
DNS	*Domain Name Service* – Mechanismus, mit dessen Hilfe →Domains die entsprechenden numerischen →IP-Adressen zugewiesen werden können.
Domain-Namen	Untergliederungseinheit der hierarchisch aufgebauten Adressen im Internet, die in die Toplevel-Domain (zum Beispiel *.de*), die Secondary Domain (zum Beispiel *akademie-aim*) und den Rechnernamen (zum Beispiel *www*) aufgeteilt ist.
EBONE	*European Backbone* – →Backbone zur Verbindung aller wichtigen europäischen Datennetze und erster zentraler europäischer Hauptverkehrsweg für Datenkommunikation.
ECRC	Großer deutscher →Provider und Betreiber des EBONE-Knotens in München.
E-Mail	*Elektronic Mail* – Elektronische Post zum Versenden von Nachrichten und Dateien. E-Mail repräsentiert den neben dem →WWW am häufigsten genutzten Dienst des Internet. Neben dem Vorteil der schnellen Übertragung bietet Elektronische Post weitere wichtige Eigenschaften wie Filter- und Verarbeitungsregeln für eingehende E-Mail, Um- und Weiterleitungsfunktionen und →E-Mail-Verteilerlisten.
E-Mail-Verteilerlisten	Auf E-Mail basierende →Diskussionsgruppe, die das E-Mail-Feature der Um- und Weiterleitung von Nachrichten verwendet. Nachrichten an die Liste werden ohne vorherige Sichtung 1:1 an alle Teilnehmer der Gruppe versandt.
EUNet	*European Network* – paneuropäisches Weitverkehrsdatennetz, daß heute mehr als 300 Organisationen in 26 europäischen Ländern verbindet.
Firewall	Spezielle Hard- und Software zum Schutz von privaten Datennetzen gegenüber dem öffentlichen Internet (zum Beispiel über Proxies).
FTP	*File Transfer Protocol* – Internetdienst zur Übertragung, Löschung und Änderung von Dateien aller Art (Text-, Bild-, Ton,- Video,- Programmdateien etc.) auf externen Computern. Normalerweise Zugang über Passwort und Benutzerkennung, aber auch als →Anonymous FTP mit unbeschränktem Zugang vorhanden.
FTP-Archive	Umfangreiche Archive im Internet, die Dateien aller Art enthalten und auf die über →FTP zugegriffen werden kann.
Gateway	Ein Gateway stellt die protokollgebundene Verbindung zwischen zwei oder mehreren Netzwerken her. Gateways ermöglichen im Gegensatz zu Router eine Verbindung über Protokollgrenzen hinweg, wobei die Daten aus einer Protokollfamilie in eine andere umgesetzt werden.
Germany.net	Kostenloser →Provider für das nationale Internet.
Gopher	→Suchdienst im Internet, welche häufig gefragte Informationen in Form von hierarchisch verschachtelten Auswahlmenüs strukturiert.
Hits	Anzahl der Dateizugriffe auf einen Server im →WWW (alle →HTML-Seiten, Grafiken, →Applets usw. zusammen) und daher nicht sehr ausssagekräftig.
Homepage	Leitseite von Firmen und Privatpersonen im →WWW.

Host	Internet-Interface eines Rechners; über eine eindeutige →IP-Adresse erreichbar; laufen mehrere Webserver auf einem Computer, läßt sich dieser mit mehreren Host ausstatten.
HTML	*HyperText Markup Language* – Dokumentenbeschreibungssprache für Dateien im →WWW.
HTTP	*HyperText Tranfer Protocol* – Protokoll zur Datenübertragung im →WWW. HTTP ist ein sehr einfaches Protokoll, daß auf dem Kommunikationsprotokoll →TCP/IP aufsetzt und liegt derzeit in der Version 1.0 vor. HTTP ist eine zustandsloses (stateless) Protokoll, d.h. die Übertragung eines Datenpaketes zwischen →Client und →Server erfolgt unabhängig vom zuvor übertragenen Datenpaket.
Hypertext	Textdokument, welches über →Hyperlinks auf andere.Textdokumente verweist.
Hyperlink	Hervorgehobene Verzweigungen in →Hypertext-Dokumenten zu anderen Textdokumenten (auch Link genannt).
Internet	Weltweites dezentralisiertes Netzwerk von Netzwerken auf Basis von →TCP/IP.
IRC	*Internet Relay Chat* – Kommunikationsforum im Internet, daß in hunderte von unterschiedlichen Diskussions- und Unterhaltungskanäle strukturiert ist und in dem Teilnehmer in Echtzeit kommunizieren können.
Intranet	Unternehmeninternes Netz auf Internet-Technologie und →TCP-IP basierend.
Intranet GmbH	Betreiber des →DE-NIC Inkasso.
IP	*Internet-Protocol* – Kommunikationsprotokoll im Internet, welches die Daten paketorientiert und verbindungslos überträgt.
IP-Adresse	Eindeutig zugewiesene Adresse eines Internet-Rechners (zum Beispiel 194.123.167.41), die vom →Provider entweder dynamisch oder fest vergeben wird.
IPnG	*Internet Protocol Next Generation* – inoffizielle Bezeichnung für IPv6.
IPv4	Derzeit aktuelle Version des Internet Protocol.
IPv6	Internet Protocol Version 6 – Wesentlich erweiterte Version des Internet Protocols mit vergrößertem Adreßraum sowie Funktionen für Sicherheit und Multimedia-Applikationen.
IRC	*Internet Relay Chat* – Kommunikationsforum im Internet
ISDN	*Integrated Services Digital Network* – Digitales Datenkommunikationsnetzwerk zur integrierten Übertragung von Sprache und Daten, welches in absehbarer Zeit das herkömmliche analoge Telefonnetz ersetzen wird.
ISOC	*Internet-Society* – Gesellschaft zur Koordinierung der internationalen Weiterentwicklung des Internet.
IV-DENIC	*Interessenverbund Deutsches Network Informations Center* – Zusammenschluß großer deutscher →Provider und →Onlinedienste zur Koordinierung von Domainanmeldungen beim →DE-NIC.
Java	Programmiersprache für das Internet. Javaprogramme können sicher über das Internet übertragen werden und hardwareunabhängig auf jeder Plattform mit Java-Interpreter ausgeführt werden.
Javascript	Programmiersprache für Internet, die in den →HTML-Syntax integriert werden. Entsprechende Browser interpretieren den Programmcode und führen das entsprechende Programm lokal aus.
Kataloge	→Suchhilfen im Internet, die auf leistungsfähigen →Servern mit umfangreichen Datenbanken basieren. Dabei handelt es sich meistens um handsortierte →Links, die nach Themen und innerhalb der Themen hierarchisch geordnet sind.
Kbps	siehe →bps
Link	Verweis in →HTML-Seiten auf andere Dokumente.
Listserver	Computersysteme, die Mailinglisten betreiben. Im Gegensatz zu →E-Mail-Verteilerlisten enthalten Listserver zusätzliche Funktionen, welche die Verwaltung einer großen Teilnehmerzahl vereinfachen.

MAE East/West	Knotenpunkte des nordamerikanischen →Backbones.
Meta-Suchmaschinen	→Suchhilfen im Internet, welche die Suchbegriffe gleichzeitig an mehrere →Suchmaschinen weiterleitet, so daß die Such beschleunigt werden kann.
MIME	*Multipurpose Internet Mail Exchange* – Erweiterung des E-Mail-Standards im Internet zur Übertragung von 8Bit-Daten und File Attachments.
Modem	*Modulator/Demodulator* – konvertiert binäre Daten in analoge Signale (Töne) und umgekehrt.
MSN	*Microsoft Network* – kommerzieller →Onlinedienst und →Provider.
Nacamar	Großer deutscher →Provider.
Name-Server	Auch Domain Name Server genannt – Rechner im Internet, der eine Tabelle mit Domain-Namen und den dazugehörigen IP-Adressen enthält (siehe auch →DNS).
Newsgruppen	Thematische Gliederung der Diskussionsforen des →USENET. Es existieren etwa 12.000 bis 17.000 Newsgruppen zu den unterschiedlichsten Themenbereichen (auch Newsgroups, NetNews, News).
NIC	*Network Information Center* – Zentrale Stelle zur weltweiten Koordination von Internetadressen und zur Vergabe von →Domains mit der Endung .com.
NSF	*National Science Foundation* – Organisation der US-Regierung, die seit Mitte der achtziger Jahre den Aufbau und die Weiterentwicklung der nordamerikanischen →Backbones des Internet koordiniert.
NNTP	*Network News Tranport Protocol* – Protokoll, das die Art und Weise des Austauschs von Newsdateien zwischen Computern im Internet definiert.
NSF-Backbone	Bezeichnung für die 1986 von der NSF erneuerten →Backbones . 1995 zugunsten der neuen amerikanischen Backbone-Struktur mit NAP (National Access Points) aufgelöst und privatisiert.
Onlinedienst	Proprietäre Dienste, die nur für Abonnenten zugänglich sind. Ein zentraler Betreiber ist für Betrieb, Informationsangebot und Weiterentwicklung des Systems verantwortlich. Als Sonderform der →Provider bieten sie ebenso Internetzugang und Speicherplatz für Webseiten an.
Pageviews	Anzahl der Abrufe einer bestimmten Seite eines Webservers.
Personal Certificates	Digitale Unterschrift für Transaktionen.
PGP	*Pretty Good Privacy* – Programm zur Verschlüsselung von Daten und →E-Mail.
PoP	*Point of Presence* – Internetzugangspunkt von →Providern
POP3	*Post Office Protokoll* – Standard zum Empfang von →E-Mail.
PPP	*Point-to-Point-Protocol* – Leistungsfähiges Protokoll, um das →IP-Protokoll und andere Protokolle auch über serielle Wahlverbindungen betreiben zu können.
Presence Provider	→Provider, der für Unternehmen und Privatpersonen eine Internet-Präsens einrichtet.
Provider	Anbieter von Internet-Dienstleistungen.
Proxy	Zwischenstation für das Abrufen von Internet-Dateien; →Provider setzen häufig Proxies ein, um die aus dem Internet geladenen Dateien ihrer Kunden zwischenzuspeichern, damit sie bei einem erneuten Zugriff nicht noch mal geladen werden müssen; Firmen setzen Proxies häufig als →Firewall ein, um den Datenfluß zum oder vom unternehmenseigenen Netzwerk besser kontrollieren zu können.
Private-Key-Verfahren	Symmetrisches Verschlüsselungsverfahren mit einem geheimen Schlüssel.
Public-Key-Verfahren	Asymmetrisches Verschlüsselungsverfahren mit einem geheimen und einem öffentlichen Schlüssel.
QoS	*Quality of Service* – Angabe oder Anforderung der Qualität eines Netzdienstes, etwa der gesicherten Übertragungsgeschwindigkeit einer Leitung.
RARE	*Réseaux Associés pour la Recherche Européen* – 1986 gegründete Organisation zum Aufbau einer europäischen Hochgeschwindigkeitsinfrastruktur. Auch für die Koordinierung der Vergabe von Internet-Adressen in Europa zuständig.

Remote Login	Interaktiver Fernzugriff auf einen Gastcomputer mit Hilfe eines →Modems und eines Terminalprogramms (siehe →Telnet).
RFC	*Request for Comment* – Dokument mit Vorschlägen, Spezifikationen oder Richtlinien, die das Internet betreffen.
Router	Ein Router stellt die protokollgebundene Verbindung zwischen zwei oder mehreren Netzwerken her. Im Gegensatz zu einem →Gateway ist für den Datenverkehr über einen Router die Verwendung desselben Protokolls durch die angeschlossenen Netzwerke erforderlich (zum Beispiel IP-Protokoll). Es sind mittlerweile auch Router auf dem Markt, die eine ganze Reihe von Protokollen beherrschen und somit wie Gateways über Protokollgrenzen hinweg arbeiten.
Server	Allgemeine Bezeichnung für Computer bzw. Programm, das anderen Computern oder Programmen (→Client) Dienste anbietet (zum Beispiel →WWW oder →FTP).
Server Hosting	"Unterstellen" eines →Server bei einem →Provider.
Server Renting	Mieten eines →Servers zur exklusiven Nutzung.
Service Provider	→Provider, der neben dem Internetzugang noch weitere Dienstleistung anbietet.
SGML	*Standard Generalized Markup Language* – →Hypertextsprache aus der das erweiterte →HTML hervorging.
Site	Sammelangebot im Internet, zum Beispiel →WWW. Auf einem Server können sich auch mehrere Sites befinden.
S-HTTP	*Secure HyperText Transfer Protocol* oder *Secure HTTP* – Um Kryptografiefunktionen erweiterte Version von →HTTP; entwickelt von Terisa Systems.
SLIP	*Serial Line Interface Protocol* – Protokoll, um das →IP-Protokoll auch über serielle Wählleiten betreiben zu können.
SMTP	Protokoll im Internet zur Übertragung von elektronischen Nachrichten
SSL	*Secure Socket Layer* – Von Netscape entwickelte Protokollschicht zum sicheren Transport von Internetprotokollen wie →HTTP, →Gopher etc. (siehe →S-HTTP).
Suchdienste	Oberbegriff die Dienste →Archie und →Gopher.
Suchhilfen	Systeme im Internet, die bei der Suche nach Informationen im Internet unterstützen. Suchhilfen können nach bestimmten Suchbegriffen durchsucht werden und liefern als Ergebnis Internetadressen, die die gesuchten Schlüsselwörter enthalten. Man unterscheidet →Kataloge, →Suchmaschinen, →Meta-Suchmaschinen und →Adresslisten.
Search Engines	Suchhilfen im Internet, die umfangreiche Datenbanken mit Verzeichnissen von Inhalten im Internet enthalten und die zur Suche nach spezifischen Informationen genutzt werden könne. Zur Indexierung werden sogenannte Spider oder Robots benutzt, die das Internet vollautomatisch nach Titel, Inhalt und →URL durchsuchen.
TAG	Befehl innerhalb der →HTML-Sprache.
TCP	*Transmission Control Protocol* – Auf das Protokoll →IP aufsetzendes Datenübertragunsprotokoll, das für den sicheren Transport von Daten über das Internet verantwortlich ist und selbständig Fehler erkennt und korrigiert.
TCP/IP	Bezeichnung für eine Reihe sich ergänzender Internet-Protokolle. Die bekanntesten Protokolle sind allerdings →TCP und →IP.
Telnet	Programm, welches über Datennetze interaktiven Zugriff auf entfernte Computersysteme ermöglicht (→Remote Login).
T-Online	Kommerzieller →Onlinedienst und →Provider (betrieben von der Deutschen Telekom AG).
Toplevel-Domain	Übergreifende →Domain für Länder und Organisationen, (zum Beispiel .com).
Transfervolumen	Bewegte Datenmenge, die über eine Leitung, etwas vom und zu einem →Server übertragen wird. Normalerweise Angabe in MByte pro Monat.

Tunneln	Bezeichnung für den Vorgang, bei beim →IP-Pakete einen Teil des Weges mit einem anderen Protokoll als ihrem eigenen zurücklegen.
UNIX	1969 von AT&T Bell Laboraties entwickeltes Multiuser-Betriebssystem
URL	Uniform Resource Locater – einheitliche Adressierungsform für Ressourcen im Internet, die vor allem innerhalb des →WWW zur Anwendung kommt.
USENET	*Users Network* – 1979 von der University of North Carolina und der Duke University gegründetes Datennetzwerk auf der Basis des →UUCP-Protkolls. Die Gemeinschaft aller UUCP-Netzwerke wird als →USENET bezeichnet. Durch die Popularität des Dienstes "Network News" über seine Grenzen bekannt und über die heutigen →Newsgruppen eng an das Internet angebunden.
User Authentication	Überprüfung von Benutzer und Zugriffsrechten, um bestimmte Serverbereiche vor nicht erlaubten Zugriffen zu schützen.
UUCP	*UNIX-to-UNIX-Copy-Programm* – Programm zur Übertragung von Dateien über serielle Verbindungen, ursprünglich für →UNIX erstellt, heute aber für alle Plattformen erhältlich.
UUDECODE	Programm zur Umwandlung einer Textdatei in eine Binärdatei.
UUENCODE	Programm zur Umwandlung einer Binärdatei in eine Textdatei.
Virtueller Server	Einer von mehreren →Servern, die gleichzeitig auf einem Rechner bei einem →Provider laufen.
Visits	Anzahl der Besuche auf einem →Webserver.
VRML	*Virtual Reality Modelling Language* – Beschreibungssprache für das Internet, welches innerhalb des →WWW die Darstellung von dreidimensionalen Objekten ermöglicht.
WAIS	*Wide Area Informationen Service* – Informationssuchprogramm im Internet, welches auf Volltextsuche von Datenbanken beruht.
Web	Kurzform für das World Wide Web.
Webmaster	Verwalter/Administrator eines →Webservers.
Webserver	→Server, auf dem der Internet-Dienst →WWW betrieben wird.
WHOIS	Programm zur Verwaltung bzw. Suche von Benutzeradressen im Internet.
WIN	Wissenschafts-Netz – Vom Verein zur Förderung eines Deutschen Forschungsnetzes (DFN) aufgebautes Datennetz, welches alle wichtigen Universitäten und Forschungsstätten in Deutschland miteinander verbindet. Über Gateways besteht auch Anbindung an das Internet. 1996 zum Hochgeschwindigkeitsnetz B-WIN (34Mbits/s und 155Mbits/s auf ATM-Basis) ausgebaut.
World Wide Web	siehe →WWW.
WWW	World Wide Web – 1992 am Kernforschungsinstitut →CERN entwickelte multimediales Informationssuchsystem und nach →E-Mail der am häufigsten genutzte Dienst im Internet. Das WWW beruht auf dem →HyperText-Prinzip und ermöglicht Informationen im Internet strukturiert anzubieten. Grundlage des WWW bilden die drei Standards HyperText Transfer Protokoll →HTTP, Uniform Resource Locater →URL und HyperText Markup Language →HTML.
W3	Kurzform für das →WWW.
XLINK	1984 in Karlsruhe gegründeter Anbieter von Internetzugängen.

Aktualisierte Version der AIM Webseiten

Die beigefügte Diskette enthält die aktuelle Implementation des Internetangebots der Akademie für Internationales Management (AIM) in Mannheim.

Diese Diplomarbeit entstand in Begleitung eines Projekts an der AIM. Ziel war die Anbindung des lokalen Netzwerks an das Internet und die Implementation eines Internetangebots mit einer eigenen Domain im Internet. Die dabei aufgeworfenen Fragestellungen und die aufgetretenden Probleme sind komplett in diese Arbeit eingeflossen.

Dieses Projekt wurde im letzten Jahr von einem Studenten der Akademie für Internationales Management begonnen und im Rahmen dieser Diplomarbeit fortgesetzt. Die Seiten wurden zwischenzeitlich erheblich erweitert beziehungsweise überarbeitet und neue Inhalte eingefügt. Nachdem die Webseiten zuvor für einige Zeit bei Onlinedienst abgelegt waren, können sie seit Anfang Februar nun unter der Domain (http://www.akademie-aim.de) abgerufen werden.

Das Internetangebot umfaßt Informationen zu den einzelnen Studiengängen, sowie zur AIM, den Partneruniversitäten, Artikel von Studenten und Professoren zu Wirtschaft und Karriere sowie Links zu den verschiedensten Themen. Weitere Ergänzungen sind in nächster Zeit geplant, wie zum Beispiel Informationen zum Verband Internationaler Betriebswirte, gemeinsame Inhalte mit Studenten von der Akademie für Internationales Management in Stuttgart und ein Chatraum zur Kommunikation in Echtzeit. Desweiteren sind die Einbindung in Microsoft Frontpage zur einfacheren Verwaltung und eine Anpassung an die Strukturen auf den Servern vorgesehen.

Die Homepage ist die Datei home.htm. Dabei handelt sich eine Darstellung mit Frames, die nur von neueren Browser wie zum Netscape Navigator ab Version 2.0 unterstützt wird. Die Seiten sind aber so ausgelegt, daß sie auch bei älteren oder textbasierten Browser zur Verfügung stehen.

Literaturverzeichnis

Bücher und Schriften:

Alpar, P. : Kommerzielle Nutzung des Internet : Unterstützung von Marketing, Produktion, Logistik und Querschnittsfunktionen durch das Internet und kommerzielle Onlinedienste – Berlin 1996.

Bellovin, S. M. und Cheswick, W.R. : Firewalls and Internet Security – Reading, Mass [u.a.] 1994.

Borowka, P. : Internetworking : Konzepte, Komponenten, Protokolle, Einsatzszenarios – Bergheim 1996.

Ellsworth, J.M. : Marketing on the Internet : Multimedia Strategies for the World Wide Web – New York, 1995.

Garfinkel, S. : PGP : Pretty Good Privacy : Verschlüsselung von E-Mail – Bonn 1996.

Gates, W.H. : The Road ahead – London [u.a.] 1995.

Huitema, C. : Routing im Internet – München 1996.

Jamsa, K. : Internet-Programmierung unter Windows – Bonn 1996.

Karer, A. und Müller, B. : Client/Server-Technologie in der Unternehmenspraxis – Berlin/Heidelberg 1994.

Kyas, O. : Internet : Zugang, Utilities und Nutzung – Bergheim 1994.

Kyas, O. : Internet professionell : Technologische Grundlagen und praktische Nutzung – Bonn 1997.

Lemay, L. : HTML 3.2 : Das Kompendium– 2. Auflage, Haar bei München, 1997.

Lux, H. : Der Internet-Markt in Deutschland : Provider und Dienstleister – Heidelberg 1995.

Lux, H. und Heinen, I. : Der Internet Markt in Deutschland : Provider und Dienstleister – 2., erw. und aktualisierte Auflage, Heidelberg 1997.

Midendorf, S. : Java : Programmierhandbuch und Referenz – Heidelberg 1996.

Nefzger, W. und Münz, S.: HTML-Referenz 3.0 : selbst Web-Seiten planen und gestalten – Feldkirchen 1996.

Obermayer, K., Gulbins, J., Strobel, S. und Uhl, T. : Das Internet-Handbuch für Windows – Heidelberg 1995.

Rivest, R., Shamir, A. und Adleman, L. : A Method for obtaining Digital Signatures and Public Key Cryptosystems, Communications of the ACM, Bd 21, Nr. 2 / 1978, Seite 120 – 126.

Rost, H. und Schach, M. (HRSG) : Der Internet-Praktiker : Referenz und Programme – Hannover 1995.

Schimpf, A. : Client-Server-Konzepte : der Einstieg für Datenbank-Entwickler und Entscheider – Haar bei München, 1995

Stanek, W. : Web-Publishing für Insider – Haar bei München 1996

Fachzeitschriften:

Back, S. : Heißer Kaffee : Programmieren mit Java, in : c't Magazin für Computertechnik, Februar 1996, Seite 138 ff.

Bager, J., Ehrmann, S. und Obermayr, K. : Seitenspinner : HTML-Werkzeuge für Anfänger und Profis, in : c't Magazin für Computertechnik, Juli 1996, Seite 190.

Beyer, D. und Schröter, A. : Website-Tuning : Programmieren mit Java, Javascript und Perl, in : c't Magazin für Computertechnik, Juni 1997, Seite 350ff.

Ehrmann, S. : Generation @ : Eigenwerbung im Web: Software, Praxis, Recht, in : c't Magazin für Computertechnik, Juli 1996, Seite 188f.

Fey, F., Hüskes, F. und Kossel A. : Kommerzfalle Internet : Wer bezahlt, wer kassiert?, in : c't Magazin für Computertechnik, September 1995, Seite 140 ff.

Fox, D. : Schlüsseldienst : Private Kommunikation mit PEM und PGP, in : c't Magazin für Computertechnik, September 1995, Seite 184 ff.

Hagemann, H. und Rieke, A. : Datenschlösser : Grundlagen der Kryptologie, in : c't Magazin für Computertechnik, August 1994, Seite 23ff.

Hosenfeld, F. : Next Generation : Internet-Protokoll Version 6 : ein neues Kommunikationszeitalter?, in : c't Magazin für Computertechnik, November 1996, Seite 380.

Hosenfeld, F. und Brauer, K. : Kommunikation ohne Grenzen : TCP/IP: Informationsübermittlung im Internet, in : c't Magazin für Computertechnik, Dezember 1995, Seite 330 ff.

Hüskes, R. und Ehrmann, S. : Großer Auftritt : Internet-Präsens für Privatanwender und Firmen, in : c't Magazin für Computertechnik, März 1997, Seite 134.

Hüskes, R. : Vorentscheidung : Netscape Communicator gegen Microsoft Internet Explorer 4.0, in : c't Magazin für Computertechnik, Juni 1997, Seite 176.

Knut D. und Bager, J. : Datenfischer : Metasuchwerkzeuge erleichtern die Recherche im Web, in : c't Magazin für Computertechnik, Februar 1997, Seite 170 ff.

Kossel, A. : Innere Sicherheit : Sichere Intranet-Lösungen, in : c't Magazin für Computertechnik, Oktober 1996, Seite 333 ff.

Kunze, M. : Geheimtip : Entwickeln und Testen von Web-Projekten, in : c't Magazin für Computertechnik, September 1995, Seite 166 ff.

Kunze, M. : Das Netz, der Müll und der Tod : Internet am Wendepunkt, in : c't Magazin für Computertechnik, September 1995, Seite 144 ff.

Kori, J. : Ins Netz gegangen : Freie UNIX-Versionen – vom Netzwerkserver zum Desktop-System, in : c't Magazin für Computertechnik, November 1996, Seite 366 ff.

Kuri, J. : Wenn der Postmann zweimal klingelt : Nameserver-Adressen im TCP/IP-Netzwerk und im Internet, in : c't Magazin für Computertechnik, Dezember 1997, Seite 334ff.

Kuri, J. : Modenschau : Nutzen und Nutzung von Web-Server-Software, in : c't Magazin für Computertechnik, März 1997, Seite 160

Kuri, J. : Da geht's lang : Routing, oder wie die Daten im Internet ihren Weg finden, in : c't Magazin für Computertechnik, Juni 1997, Seite 380ff.

Kurzidim, M. : Web-Kompaß : Tips für Gelegenheitssurfer und Internet-Profis, in : c't Magazin für Computertechnik, Januar 1997, Seite 334 ff.

Loviscach, Dr. J. : Projekt Genesis : Lebendiges 3D mit VRML 2.0, in : c't Magazin für Computertechnik, Mai 1997, Seite 236ff.

Lubitz, H. : Modem-Modernisierung : Wie man mit Modems ISDN einholt, in : c't Magazin für Computertechnik, Januar 1997, Seite 88.

Luckhardt, N. : Schwer entflammbar : Grundlagen und Architekturen von Firewalls, in : c't Magazin für Computertechnik, April 1997, Seite 308 ff.

Luckhardt, N. : Geheimrezept : Schlüsselfragen- und antworten zu Pretty Good Privacy, in c't Magazin für Computertechnik, Juni 1997, Seite 360ff.

Luckhard, N. und Schmidt, J. : Trau, schau, wem! : Acht Firewalls auf den zweiten Blick, in : c't Magazin für Computertechnik, Juni 1997, Seite 308ff.

Reif, H. : Netz ohne Angst : Sicherheitsrisiken im Internet, in : c't Magazin für Computertechnik, September 1995, Seite 174 ff.

Siering, P. und Brenken, D. : Zeit ist Geld : Internetzugänge im Praxistest, in : c't Magazin für Computertechnik, November 1996, Seite 152ff.

Strömer, T. H. : Recht-zeitig geprüft : Juristische Überlegungen vor der Gestaltung der eigenen Internet-Präsens, in : c't Magazin für Computertechnik, Juli 1996, Seite 212ff.

Schmidt, Dr. H. J. : Bewegliche Ziele : ActiveX: Microsofts Antwort auf Java, in : c't Magazin für Computertechnik, Dezember 1996, Seite 258ff.

Weichselgartner, F. : Lebender Organismus, in : iX Multiuser-Multitasking- Magazin, Januar/1996, Seite 136 ff

Wilde, M. : Versorgungsvielfalt : Internet Service Provider: Strukturen, Angebote und Technik, in : c't Magazin für Computertechnik, November 1996, Seite 142.

Wilhelm, A. und Brauer, K. : Strickmuster : Homepage mit Pfiff, in : c't Magazin für Computertechnik, Juli 1996, Seite 198ff.

Wronski, H.J. : Ein Stück vom Kuchen : Tips für angehende Internet-Provider, in : c't Magazin für Computertechnik, Mai 1997, Seite 116 ff

Zeitungen und Zeitschriften:

Scheckenbach, R. : Electronic Commerce : Vom Online-Marketing zum Online-Vertrieb, in : Shop, Februar 1997, Seite 8ff.

Doepner, F. : Unbeherrschbar : Das Internet wuchert und organisiert sich selbst, in : Der Handel, November 1996, Seite 8f.

Zeitungen und Zeitschriften ohne Angabe der Autoren:

c't Magazin für Computerrechnik: Neue Internet-Domains : c't, 6 / 1997, Seite 34

Spiegel : Internet : Sexy Nato : Der Spiegel, Nr. 19 / 1997, Seite 118.

Spiegel : Lichtblitze unter dem Ozean : Der Spiegel, Nr. 19 / 1997, Seite 189f.

Die Welt : Welt-Report Telekommunition : Die Welt, 13. Juni 1997, Seite WR1

Wirtschaftswoche : Special Technik und Innovation : Wirtschaftswoche Nr. 11 / 1997, Seite 72ff

Zentralmarkt : Internet verändert Kommunikationsstrukturen : Zentralmarkt Nr. 6 / 1997, Seite 61

Vorträge und Aufsätze:

Bettinger, T. : Gewerblicher Rechtsschutz und Urheberrecht, in : GRUR Int., Mai 1997, Seite 402 ff und
http://www.nic.de/rechte/bettinger.html

Erweiterte Fassung eines Vortrags, der am 23.9.1996 im Rahmen einer gemeinsamen Veranstaltung der Arbeitsgruppen "Urheberrechtliche Probleme der Digitalisierung, Multimedia und interaktive Systeme" sowie "Neuordnung des Markenrechts" am Max-Planck-Institut für ausländisches und internationales Patent-, Urheber- und Wettbewerbsrecht in München gehalten wurde.

Internetadressen:

Hinweis: Alle hier aufgeführten Internetadressen sind verifiziert worden und waren zum Zeitpunkt der Fertigstellung dieser Diplomarbeit Anfang Juni verfügbar.

ActiveX
http://www.microsoft.com/activeplatform/default.asp
http://www.activex.com

Archiplex, WWW-Interface zum Zugriff auf Archie-Server
http://pubweb.nexor.co.uk/public/archie/servers.html

Archie-Server der TH Darmstadt
archie.th-darmstadt.de

Computer Emergency Response Team (CERT)
ftp://ftp.cert.org

Classless Inter-Domain Routing (CIDR)
http://nic.merit.edu/nsfnet/statistics/CIDR.html

Defense Advanced Research Projects Agency (DARPA)
http://www.darpa.mil

Deutsches Network Information Center (DE-NIC)
http://www.nic.de

DE-NIC: Beschluß vom 01.02.1997 zur Einstellung der Reservierung von Domains
http://www.nic.de/beschluss.html

Deutschland: Entwicklung der Hostrechner
http://www.nic.de/netcount/netStatOverview.html

Federal Networking Council (FNC)
http://www.fnc.gov

Federal Networking Council: Definition des Begriffs "Internet" (Resolution vom 24.10.1995)
http://www.fnc.gov/Internet_res.html

For Starters: Kolumne über Java und ActiveX im Sitebuilder Network
http://www.microsoft.com/sitebuilder/columnists/starts0523.asp

Gates, W.H. : The Road ahead
http://www.microsoft.com/billgates/default.asp und http://www.microsoft.com/germany/mswelt/billgates

HTML-Authoring-Tools
http://www.yahoo.com/Computers/World_Wide_Web
http://www.w3.org/pub/WWW/Tools

Informationen zu Domain-Rechten
http://www.nic.de/rechte/rechtsindex.html

Interessenverbund DENIC (IV-DENIC)
http://www.nic.de/iv-denic.html

International Standards Organisation (ISO)
http://www.iso.ch

Internet Ad Hoc Committee (IAHC)
http://www.iahc.org

Internet Architecture Board (IAB)
http://www.iab.org/iab

Internet Engineering Task Force (IETF)
http://www.ietf.org

Internet Network Information Center (InterNIC)
http://www.internic.org

InterNIC: Neue Gebührenordnung
http://rs.internic.net/announcements/index.html

Internet Presence Provider in Deutschland
http://www.dpunkt.de/produkte/lux/ipp.html
http://www.bubis.com/provider/provider.htm

Internet Provider in den USA
http://www.thelist.com

Internet Protocol Next Generation (IPng): Aktueller Stand der Implentation
http://www.playground.sun.com/pub/ipng/hmtl/ipng-implementations.html

Internet Research Task Force (IRTF)
http://www.irtf.org

Internet Service Provider in Deutschland
http://www.dpunkt.de/produkte/lux/isp.html
http://www.rrzn.uni-hannover.de/inet-zu-de.html

Internet Society (ISOC)
http://www.isoc.org

Internet Society: A Brief History of the Internet
http://www.isoc.org/internet-history/

Internet Society FTP-Server
http://info.isoc.org

Intranet GmbH
http://www.intra.de

Intranet GmbH: Informationen zur direkten Beantragung von Domains
http://www.intra.de/InkassoInfo.html

Javascript: Pressemitteilung von Sun Microsystems und Netscape
http://home.netscape.com/newsref/pr/newsrelease67.html

Landweber Internet Weltkarte
ftp://ftp.cs.wisc.edu.connectivity_table.directory

Lotters Internet Domain Survey
http://www.nw.com

MIDS Editorial: State of the Internet, January 1997
http://www3.mids.org/mmq/401/pubhtml/ed.html

PGP: The International PGP Home Page
http://www.ifi.uio.no/pgp/

PGP: Pretty Good Privacy, Inc. Home Page
http://www.pgp.com

PGP: c't Magazin Krypto-Kampagne
http://www.heise.de/ct/pgpCA

PGP: PGP.Net Keyserver
http://www.de.pgp.net/pgp

PGP: FAQ on Key Signing Parties
http://pgp.rasip.fer.hr/faqs/pgp/faq6.html#6.7

Quartermans Internet Demographic Survey
http://www.tic.com

Reseaux IP Europeens (RIPE)
http://www.ripe.net

Request for Comments (RFC): Auflisting auf FTP-Server des DE-NIC
ftp://ftp.nic.de/pub/doc/rfc

Internet Engineering Task Force: RFC-Editor
http://www.isi.edu/rfc-editor/

RSA Data Security
http://www.rsa.com

Server-Software: Auflistung und Beschreibung
http://www.webcompare.com

Server-Software: Auflistung und Vergleich
http://www.netcraft.co.uk

Secure HTTP Information
HTTP://www.terisa.com/shttp/index.html

Sitebuilder Network
http://www.microsoft.com/sitebuilder/

SSL Homepage
http://home.netscape.com/assist/security/ssl/sslref.html

Submit-It!
http://www.submitit.com

VRML: Spezifikation und Dokumentation
http://sdsc.edu/SDSC/Partner/vrml/doc.html

Webcounter
http://www.digits.com

Webtrends
http://www.webtrends.com

Webpromote
http://www.webpromote.com

World Wide Web Consortium (W3)
http://www.w3.org

W3 Consortium: Auflistung von Client-Software
http://www.w3.org/pub/WWW/Clients.html

Zen and the Art of the Internet: A Beginner's Guide to the Internet
http://www.net4u.it/4u/zen.html

Rechtsprechung:

Landgericht Mannheim, Urteil vom 8.März 1996 , AZ 7-O-60/96 - **heidelberg.de**

Landgericht München I, Urteil vom 9. Januar 1997, AZ 4HK O 14792/96 - **dsf.de**

Oberlandesgericht Frankfurt a. M., Urteil vom 13.2.97, AZ 6 W 5/97 - **wirtschaft-online.de**

Weitere Urteile unter http://www.inet.de/denic/urteil.htm

Request for Comments (RFC) im Range von Internet Standards:

RFC 791 : Postel, J. : Internet Protocol, Januar 1981.

RFC 793 : Postel, J. : Transmission Control Protocol, Januar 1981.

RFC 1034 : Mockapetris, P. : Domain Names – Concepts and Facilities, November 1987

RFC 1035 : Mockapetris, P. : Domain Names – Implementation and Specifikation, November 1987

RFC 1101 : Mockapetris, P. : DNS Encoding of Network Names and Other Types, April 1989.

RFC 1262 : Cerf, V. G. : Guidelines for Internet Measurement Activities, Oktober 1991.

RFC 1296 : Lotter, M. : Internet Growth (1981-1991), Januar 1992.

RFC 1543 : Postel, J. : Instructions to RFC Authors, Oktober 1993.

RFC 1550 : Scott, B. und Mankin, A. : IP Next Generation (IPng) : White Paper Solicitation, Dezember 1993.

RFC 1462 : Krol, E. und Hoffmann, E. : FYI 20 on "What is the Internet".

RFC 1752 : Scott, B. und Mankin, A. : Recommondation for the IP Next Generation Protocol, Januar 1995.

RFC 1945: Berners-Lee, T. : Hypertext Transfer Protocol – HTTP/1.0, Mai 1996.

Ehrenwörtliche Erklärung

"Ich erkläre ehrenwortlich:

1. daß ich meine Diplomarbeit mit dem Thema

   Die technischen Voraussetzungen, strategische Planung,
   Realisierung und Sicherheitsaspekte eines Interneteinsatzes
   in kleinen und mittelständigen Unternehmen

   ohne fremde Hilfe angefertigt habe;

2. daß ich die Übernahme wörtlicher Zitate aus der Literatur sowie die Verwendung der Ge-
   danken anderer Autoren an den entsprechenden Stellen gekennzeichnet habe;

3. daß ich meine Diplomarbeit bei keiner anderen Prüfung vorgelegt habe.

Ich bin mir bewußt, daß eine falsche Erklärung rechtliche Folgen haben wird."

Martin Sommer

Autor: Martin Sommer

Am Zehntenstein 23

65549 Limburg

Fon: 06431-3058

Fax: 06431-23528

e-mail: msommer@geocities.com

***Diplomarbeiten* Agentur**

Die Diplomarbeiten Agentur vermarktet seit 1996 erfolgreich Wirtschaftsstudien, Diplomarbeiten, Magisterarbeiten, Dissertationen und andere Studienabschlußarbeiten aller Fachbereiche und Hochschulen.

Seriosität, Professionalität und Exklusivität prägen unsere Leistungen:

- Kostenlose Aufnahme der Arbeiten in unser Lieferprogramm
- Faire Beteiligung an den Verkaufserlösen
- Autorinnen und Autoren können den Verkaufspreis selber festlegen
- Effizientes Marketing über viele Distributionskanäle
- Präsenz im Internet unter **http://www.diplom.de**
- Umfangreiches Angebot von mehreren tausend Arbeiten
- Großer Bekanntheitsgrad durch Fernsehen, Hörfunk und Printmedien

Setzen Sie sich mit uns in Verbindung:

***Diplomarbeiten* Agentur**
Dipl. Kfm. Dipl. Hdl. Björn Bedey –
Dipl. Wi.-Ing. Martin Haschke ——
und Guido Meyer GbR ———

Hermannstal 119 k ———
22119 Hamburg ———

Fon: 040 / 655 99 20 ———
Fax: 040 / 655 99 222 ———

agentur@diplom.de ———
www.diplom.de ———